财务智慧

如何理解数字的真正含义

[美] 卡伦·伯曼　乔·奈特　约翰·凯斯　著
　　　Karen Berman　Joe Knight　John Case

王兆蕊　译

原书第2版
Revised Edition

FINANCIAL INTELLIGENCE
A Manager's Guide to Knowing What the Numbers Really Mean

机械工业出版社
CHINA MACHINE PRESS

图书在版编目（CIP）数据

财务智慧：如何理解数字的真正含义：原书第 2 版 /（美）卡伦·伯曼（Karen Berman），
（美）乔·奈特（Joe Knight），（美）约翰·凯斯（John Case）著；王兆蕊译 . -- 北京：
机械工业出版社，2022.5（2025.4 重印）

书名原文：Financial Intelligence：A Manager's Guide to Knowing What the
Numbers Really Mean，Revised Edition

ISBN 978-7-111-70738-7

I. ①财… Ⅱ. ①卡… ②乔… ③约… ④王… Ⅲ. ①财务管理 Ⅳ. ①F275

中国版本图书馆 CIP 数据核字（2022）第 086968 号

北京市版权局著作权合同登记　图字：01-2021-2318 号。

Karen Berman, Joe Knight, John Case. Financial Intelligence: A Manager's Guide to Knowing What the Numbers Really Mean, Revised Edition.

Original work copyright © 2013 Business Literacy Institute, Inc.

Published by arrangement with Harvard Business Review Press.

Unauthorized duplication or distribution of this work constitutes copyright infringement.

Simplified Chinese Translation Copyright © 2022 by China Machine Press. This edition is authorized for sale in the Chinese mainland (excluding Hong Kong SAR, Macao SAR and Taiwan).

No part of this book may be reproduced or transmitted in any form or by any means, electronic or mechanical, including photocopying, recording or any information storage and retrieval system, without permission, in writing, from the publisher.

All rights reserved.

本书中文简体字版由 Harvard Business Review Press 授权机械工业出版社仅限在中国大陆地区（不包括香港、澳门特别行政区及台湾地区）销售。未经出版者书面许可，不得以任何方式抄袭、复制或节录本书中的任何部分。

财务智慧：如何理解数字的真正含义（原书第 2 版）

出版发行：机械工业出版社（北京市西城区百万庄大街 22 号	邮政编码：100037）
责任编辑：杨振英	责任校对：殷　虹
印　　刷：固安县铭成印刷有限公司	版　　次：2025 年 4 月第 1 版第 5 次印刷
开　　本：170mm×230mm　1/16	印　　张：17.75
书　　号：ISBN 978-7-111-70738-7	定　　价：79.00 元

客服电话：（010）88361066　68326294

版权所有·侵权必究
封底无防伪标均为盗版

卡伦将此书献给她的丈夫、女儿等家人和朋友们！

乔将此书献给他的妻子多尼尔，以及
雅各布、乔丹、杰威尔、杰西卡、詹姆斯、约拿和约瑟夫·克里斯蒂安！

译者序 Financial Intelligence

翻译是快乐的，如同悠闲午后的收纳工作，把一页一页的英文，整理归置为自己的母语，成为值得欣赏的作品。是动手，也是动脑。我经常停下来独自徘徊，思索怎样以中文重述作者的本意，才能让读者更轻松、更迅速地阅读、理解，甚至记忆。原著是本畅销书，语言是足够通俗的，中文版也要做到以流畅、通俗的语言传递甚为专业的内容才行。

作者说了，此书是给非财务经理人看的，并且绝不是想把他们培训成会计。非财务经理人为什么要学习财务知识呢，而且还并非简单的会计科目、同比环比之类的基本概念？在中国的小型企业中，几个财务指标就可能决定企业的生存状况，而在大型企业中，几乎所有的非财务经理人的业绩都与财务指标挂钩，但这些财务指标为什么被下达给他们，怎样才能完成，不是所有人都明白，也不是所有人都能得心应手地完成。因此，经理人理解财务，就是理解公司的方向和目标，就是理解自己工作的方向和目标。

对于财务人员而言，本书也具有极大的参考价值。每个公司的财务部都对业务部门抱怨颇多：不懂财务，不懂会计规则，总想打擦边球甚至突破底线。业务部门对财务部也同样有看法：死守老套，跟不上业务节奏，到处设置障碍，等等。打破这种"部门墙"，增加交流从而增进协作，是财务和业务人员都需要思考并且采取行动的事情，需要双向努力，这从来不是单方面的事情。读完本书，财务人士可以有更多思路解决"业务人员为什么不理解我""怎样让业务人员理解我"这样的问题。每当说起"会计给业务人员讲点财务知识"，总有业务人员反对："我不炒股，别给我讲三大报表，我也不记账，别给我讲借贷分录。"这本书给财务人员的启发就是：你要直接给业务人员讲解他们的业绩考核指标。

最后，感谢机械工业出版社华章分社的石美华编辑，她的鼓励和建议是我翻译本书的动力。感谢家人尤其是两个可爱女儿平平和思思的支持，每当看见孩子们的笑脸，我都想把一切工作做得更好。另外，一个小小的经验是，一定要使用外接键盘，因为打字速度决定翻译速度。

希望每一位读者都能从本书中获益！

前言 | Financial Intelligence

什么是财务智慧

我们与全球范围的数千位职员、经理人、领导者合作过，教他们从财务角度审视业务。我们的理念是，如果理解财务业绩的衡量指标，理解自身如何影响公司业绩，那么公司里的每个人都会把工作做得更好。为形容这种"理解"，我们使用一个术语——"财务智慧"。我们认为，财务智慧越高，人们的参与感和投入感越高。他们对自身归属、企业追求，以及他们对业绩的影响，都能理解得更好。信赖会增加，人员流失会减少，财务业绩也会提高。

我们的这一理念来源不同。卡伦的理念来自学术研究，她的博士论文专门研究了这个问题：员工和经理人对财务的理解与财务信息的分享是否会对公司财务业绩产生积极影响（结论是：会的）。后来，卡伦成为一位财务培训师，并创立了一家公司，即财务商学院（Business Literacy Institute），致力于帮助他人学习财务知识。乔获得了财务 MBA 学位，但是他的大部分财务培训经验都来自企业实务。在福特公司和几家小公司短暂任职之后，乔加入了一家初创公司——定点公司（Setpoint Systems and Setpoint Inc.），该公司生产过山车和工业自动化设备。乔是定点公司的 CFO 和股东，他深刻认识到，培训工程师和其他员工，让他们懂得公司业务如何运作，是相当重要的事。2003 年，乔开始和卡伦合作，成为财务商学院的股东。从那以后，他与几十家公司合作，为它们开设财务智慧课程。

说到财务智慧，其含义是什么呢？它不是一个人先天具有或不具有的本能。当然，有的人数学比别人好一点，而极少数传奇人物对财务的领悟速度惊人。但我们今天不是要讨论这些。对于大多数企业人士（包括我们自己）来说，财务智慧只是一些可以学会的技能。财务从业人员很早就掌握了这些技能，他们在随后的职业生涯中，就用这种专业语言互相交流，外行听起来，就像听希腊语一样不知所云。绝大多数（并非全部）高管，要么是财务出身，要么是在升迁途中掌握了这些技能，其原因在于，若不懂得财务人员在说什么，就很难管理一家公司。然而，不在财务部门工作的经理人，就没这么幸运了，他们从没学过这些技能，因此，在某种程度上，他们被边缘化了。

归根结底，财务智慧可归纳为四种不同的技能，当你读完本书，就会将其全数掌握。这四种技能是：

- **理解财务的基础要素**。具备财务智慧的经理人，能理解财务计量的基本知识，他们能读懂利润表、资产负债表、现金流量表，他们知道利润和现金有何不同，他们懂得资产负债表为什么是平衡的，他们不畏惧数字，也不会被数字弄蒙。
- **理解财务的艺术特性**。财务、会计既是科学，也是艺术。这两个学科都必须努力将通常不可量化的事物予以量化，因此就必须依赖规则、估计和假设。具备财务智慧的经理人能够辨别哪些数字运用了财务艺术，也知道运用不同的财务艺术可能导致怎样不同的结果，因此，他们会有备而来，在恰当的时候对财务数字提出问题、进行质疑。

- **理解财务分析**。一旦你懂了财务基础并理解财务的艺术特性，你就可以利用这些知识对数字进行更深入的分析。具备财务智慧的经理人，不会弄懂比率、投资收益率（ROI）及类似分析之后就止步不前，他们会利用这些分析为自己的决策提供信息，并因此做出更优决策。

- **理解业务全景**。最后，虽然我们教财务知识，虽然我们认为每个人都应从数字角度理解业务，但我们同时也坚信，数字不能也不会说明所有的一切。公司的财务业绩必须结合其业务状况一起解读，也就是说，要结合业务全景框架进行理解。宏观经济、竞争环境、法律、客户需求和客户预期的变化以及新技术，这些因素都会影响你如何解读数据，如何做出决策。

财务智慧并非仅限于书本学习。和大多数学问、技能一样，财务智慧不仅需要学习，还需要实践和运用。在实践方面，我们希望并预期本书能帮你为如下事宜做好准备：

- **用财务术语交流**。财务是商业的语言。无论你喜欢与否，所有企业的共同点就是，肯定有财务数据，并且这些财务数据的表格、分析、报送都是一样的。财务是一种应被认真对待的语言，你需要用它去做有效沟通。学习这门新的语言，你不能指望一开始就说得很流利。别介意，先学起来试试，你会越学越自信。

- **对财务数据提问**。我们希望你看财务报告和财务分析的时候，是以怀疑者的眼光去看。并不是说我们认为你看到的数据都是错误的，我们只是认为，这些数字是你决策所需，因此了解它们的"怎么、什么、为什么"极为重要。因为每家公司都不一样，所以，有时搞懂这些事情的唯一途径就是对财务数据提出问题。

- **将财务信息用于工作。** 读完本书之后，你会学到很多。所以，把学到的用起来！用学到的知识去改善现金流，去分析下一个大项目，去评估你公司的业绩。你的工作会更有乐趣，你对公司业绩的影响会更大。站在我们的角度，我们乐于看到员工、经理人以及领导者知晓他们的工作和财务业绩之间的联系，他们是瞬间顿悟自己为什么要完成那些特别的任务的。

本书为什么会出第2版

每一年同上一年相比，甚至每十年同上个十年相比，财务概念都没什么改变。本书第1版于2006年出版，书中讨论的基本概念和思想与现在的第2版是完全相同的。但是，我们有很多理由将原书修订、扩展成第2版。

首先，金融环境发生了变化，并且是巨大变化。自本书第1版问世以来，世界经历了一场金融危机，这与本书主题是相关的。突然，谈论资产负债表、市价法会计（mark-to-market accounting）和流动比率的人，比以往任何时候都多。金融危机也改变了公司内部讨论的话题：公司的财务状况如何，如何让公司的估值最高，以及经理人和员工需要考虑的个人财务问题。

为促进上述讨论，我们在本书中增加了许多新的主题，包括：

- 关于GAAP和非GAAP财务数据的对比。如今，很多公司同时按GAAP和非GAAP报告财务业绩。（你可以在第4章中找到什么是GAAP和非GAAP财务数据，以及它们为何重要。）
- 研究市场怎样对公司做出评价（第25章）。和其他的经济泡沫、经济崩溃一样，金融危机为"什么指标对于评价公司财务业绩最有用（或者最没用）"这个问题，提供了新的见解。
- 增加了大量有关投资收益率的内容，包括盈利能力指数、关于资本成本的讨论以及投资收益率分析的示例。

其次，我们收集了来自全世界成千上万读者的反馈意见，以及将本书用于其培训课程的客户的反馈意见。多亏这些反馈意见，我们在本书中增加了几个新概念，比如边际贡献、汇率对盈利能力的影响以及经济增加值（EVA）。我们讨论订货和备货、递延收入、净资产收益率（RONA）。我们认为，新增这些内容之后，你会发现这本书更有用。

最后，我们增加了"如何提高你公司的财务智慧"的相关内容。在培训业务中，我们和很多公司合作过，包括几十家《财富》500强公司，它们认为这是对员工、经理人和领导者做培训时必不可少的一部分。

因此，本书将助你开发财务智慧。希望你认为我们的经验和建议是有价值的，希望本书能使你在个人和职业两方面均获得更大成功，也帮助你的公司取得更大成功。但我们认为最重要的是，读完本书之后，你对理解企业的新面貌能够更有动力、更有兴趣、更有激情。

目录

译者序

前　言

第一部分　财务的艺术特性和重要性

第1章　数字并非永远值得信赖　2
财务的艺术特性　3
举例：什么是专业判断　5

第2章　弄懂会计假设、会计估计、会计偏差　9
计提和分摊：包括了太多假设和估计　10
折旧：多少变数在其中　12
估值：多种多样的方法　13

第 3 章	为什么要提升财务智慧	16
	财务智慧的益处	17
	财务智慧对公司有益	22
	获得财务智慧的绊脚石	23
第 4 章	为何你不必永远遵守会计规则	26
	规则不是真规则	27
	GAAP 为何如此重要	29
	几条关键原则	30
	国际会计准则	33
	不遵循 GAAP 的财报	34

工具箱 36

- 如何得到你想要的东西 36
- 财务工作者都是什么人，财务工作都做什么 37
- 上市公司的报告义务 37

第二部分　利润表的特点

39

第 5 章	利润是估计出来的数字	40
	学一点点会计知识	41
	企业编制利润表的目的	43
第 6 章	破译利润表的密码	45
	怎样阅读一张利润表	46
	最重要的原则是什么	52
第 7 章	收入：要点在于如何确认	54
	收入确认的会计准则其实是模糊的	55

	操纵会计数据的可能性	56
	备货和预订	59
	递延收入	60
第8章	**成本和费用：没有固定不变的规则**	61
	产品销售成本或服务成本	61
	经营费用：什么支出才是必不可少的	64
	折旧和摊销的影响力有多大	66
	一次性支出：黄色警报	70
	如何跟进异常费用：取决于是谁在跟进	72
第9章	**利润的各种形式**	74
	毛利润：多少才够	75
	营业利润：评价企业健康程度的关键指标	76
	净利润及其操纵术	78
	边际贡献：换个角度看利润	79
	汇率对盈利能力的影响	81
	工具箱	83
	理解"偏差"值	83
	非营利组织的利润	83
	快速复习："百分比"和"变动百分比"	84

第三部分　资产负债表揭示了什么

第10章	**学习资产负债表的基础知识**	86
	展示企业目前的状况	87
	个人和企业	89

		如何阅读一张资产负债表	90
	第 11 章	**资产：更多假设、更多估计（但是现金除外）**	93
		资产的种类	93
		按市价法为资产估值	102
	第 12 章	**资产负债表的右侧：负债和所有者权益**	104
		负债都有哪几种	104
		所有者权益	106
	第 13 章	**资产负债表为什么一定是平衡的**	109
		资产负债表平衡的原因	109
	第 14 章	**利润表怎样影响资产负债表**	112
		利润怎样影响所有者权益	112
		利润表的其他影响	114
		如何评估一家公司是否健康发展	116
	工具箱		117
		是费用还是资本性支出	117
		市价法会计的影响	117

第四部分 | 121 **现金为王**

	第 15 章	**现金经得起检验**	122
		现金为什么必须为王	123
	第 16 章	**利润不等于现金（但你必须兼有现金和利润）**	126
		没有现金的利润	127

	没有利润的现金	129
第 17 章	现金流说的是什么	133
	现金流的类别	134
	每个类别在说什么	135
第 18 章	现金与一切都有关系	137
	调节利润和现金	139
	以初创公司为例	140
	以一家真实的公司为例	141
第 19 章	为什么现金极其重要	146
	理解现金流量表可以带来力量	147
工具箱		150
	自由现金流	150
	巨头公司也会缺钱	151

第五部分 比率：让数字说出真相
153

第 20 章	比率指标的力量	154
	会计欺诈	155
	比率分析	157
	几句警告	159
第 21 章	盈利能力比率：大多数时候越高越好	161
	毛利润率	162
	营业利润率	163

　　　　　净利润率　　　　　　　　　　　　　　　　163
　　　　　资产收益率　　　　　　　　　　　　　　　164
　　　　　权益报酬率　　　　　　　　　　　　　　　166
　　　　　净资产收益率、总资本回报率、投入资本
　　　　　　回报率、已用资本回报率　　　　　　　167

第22章　杠杆比率：平衡的艺术　　　　　　　　　　170
　　　　　权益负债率　　　　　　　　　　　　　　　171
　　　　　利息保障倍数　　　　　　　　　　　　　　172

第23章　流动性比率：我们有能力支付账单吗　　　　174
　　　　　流动比率　　　　　　　　　　　　　　　　174
　　　　　速动比率　　　　　　　　　　　　　　　　175

第24章　衡量企业效率的比率：让资产发挥最大作用　177
　　　　　存货周转天数、存货周转率　　　　　　　　177
　　　　　应收账款周转天数　　　　　　　　　　　　179
　　　　　应付账款周转天数　　　　　　　　　　　　180
　　　　　土地、厂房和设备周转率　　　　　　　　　181
　　　　　总资产周转率　　　　　　　　　　　　　　182

第25章　投资者观点：五大数字和股东价值　　　　　183
　　　　　年收入同比增长　　　　　　　　　　　　　184
　　　　　每股收益　　　　　　　　　　　　　　　　185
　　　　　息税折旧摊销前收益　　　　　　　　　　　185
　　　　　自由现金流　　　　　　　　　　　　　　　186
　　　　　总资本回报率或者权益报酬率　　　　　　　186
　　　　　市值、市盈率和股东价值　　　　　　　　　187

工具箱		190
	哪些比率对你的企业最重要	190
	重要的"占收比"	190
	比率之间的关系	191
	公司不同，计算方法也不同	192

第六部分　怎样计算并真正理解投资收益率
193

第 26 章	投资收益率的基本概念	194
	终值	196
	现值	197
	期望报酬率	197
第 27 章	抓住实质，计算投资收益率	200
	分析资本性支出	200
	分析资本性支出的三种方法	202
工具箱		214
	怎样逐步分析资本性支出	214
	计算资本成本	216
	经济增加值和经济利润：提高综合能力	218

第七部分　运用财务智慧，管理营运资金
221

第 28 章	管理资产负债表的魔法	222
	营运资金要素	223
	衡量营运资金	224

第 29 章	资产负债表的杠杆作用	226
	管理应收账款周转天数	227
	管理存货	229
第 30 章	跟踪现金周转	231
	现金周转周期	233
工具箱		236
	应收账款账龄	236

第八部分 打造具备财务智慧的公司
237

第 31 章	财务知识和公司业绩	238
	优化公司	239
	用财务智慧武装公司	241
第 32 章	财务知识战略	244
	小公司的工具和方法	245
	怎样让大型公司具备财务智慧	248
第 33 章	我们的最终目标：财务透明	253
工具箱		255
	理解《萨班斯－奥克斯利法案》	255

附录	财务报表样表	257
注释		260
致谢		262

第一部分

财务的艺术特性和重要性

Financial Intelligence

| 第 1 章 | Financial Intelligence

数字并非永远值得信赖

这几年,总有人以让人眼花缭乱的高超技艺摆弄公司账簿,你只要常看新闻,就能从中学乖很多。公司虚报收入,瞒报支出,还有一个相当神秘的处所叫作"资产负债表外",专门藏匿一些见不得人的财产和债务。至于具体的技术手段,有的超级简单,比如几年前有软件公司,为了虚增收入,在季度末给客户发运空箱子。(客户当然会把收到的空箱子退回去,不过本季度内退不回,真正退回时已经是下一个季度了。)而有的技术手段,复杂到高深莫测的程度。(臭名昭著的安然公司就是如此,会计师、检察官费了好几年时间才彻底搞清这家倒霉公司的虚假交易。)当今世界,只要小偷和骗子还没被消灭干净,他们中就总有人能找到捷径,去欺诈、贪污。

或许,你已经注意到以神秘著称的金融界里的新事物,这就是,颇有不少公司寻到了完美的合法捷径，将其账本包装得"好上加好"。当然，这些合法手段无法把破产公司包装成盈利公司，最多也只是短时间伪装盈利，这和纯粹的诈骗还是有所不同的。惊人之处在于，居然有那么多事情，都是用合法手段做到的。例如有一个小技术，叫作"洗大澡"，就是公司可以在某一个季度的财报里塞进大批坏消息，然后，下一个季度的财报就会好看得多。再如另一个小技术，即把成本费用从这一类挪到另一类，就能让季报的利润非常好看并吹高股价。不久前，《华尔街日报》头版报道的技术是，有公司靠少提退休金虚增利润——虽然这些退休金一分钱都不会少付。

任何人，只要不是财务专业的，都可能欣赏这些神秘无比的花招。其他商业问题，都是依赖经验、判断、统计数据等主观事物，诸如销售、研发、人力资源管理、战略等都是如此。但是财务呢？会计呢？来自公司业务部门的数字可都是客观的，千真万确的白纸黑字不容否认：一家公司的销售就是真的在销售，花钱就是真的在花钱，赚钱就是真的在赚钱。除非这家公司真给客户发运空空如也的箱子，若说这家公司的财报有假，那么，其账表距离真情有万里之遥，其高管怎么就能轻易做得如此之假呢？若说这家公司的财报无假，那么，其高管又是怎么轻易操纵利润数字的呢？

财务的艺术特性

真相就是，财务和会计，其艺术特性和其科学特性一样多，这和其他商业学科是一样的，我们可将其称为首席财务官（或财务总监）的秘密，但其实这根本不是秘密，对于财务人士来说，这是众所周知的常识。

麻烦在于，非财务人士基本把它忘光了，我们的认知是，只要一个数字出现在财报上，或者出现在财务部门呈报给高管的报告上，那么它就是在精确地反映事实。

然而实情是，财务数据当然不可能永远这样真实，因为编财务数字的人本身并非通晓一切。例如，他们不能准确知道公司里的每个人每天都在做什么具体工作，所以他们就不能准确分摊成本费用；他们也不能准确知道每个机器零件能用多久，所以他们就不知道这些零件每年该折旧多少。财务和会计的艺术特性在于，使用不多的数字，来尽可能精确地描述一家公司的经营情况。财务和会计不是事实本身，只是对事实的反映，这种反映的准确程度取决于财会专业人士的能力，即他们做出合理前提假设、做出合理估计的能力。

这项工作颇有难度。有时候，财会人士会遇到很难量化的事情，那也必须做量化处理；有时候，需要给既成事实的事情做个分类，他们很难判断该怎么分，那也必须做出判断。出现这种情况，并不意味着财会人士不称职，也不意味着他们想做假账。之所以如此，是因为他们在处理业务数据时，必须全天候做猜测式的判断，并且是有理有据地猜测。

会计有了前提假设，有了估计，会计数据就和商业事实有了偏差，这是意料之中的事情。请相信，此处使用"偏差"这个词，不是要指责任何人的品行。（我们最好的朋友中就有人是会计师，不仅如此，本书作者之一乔的名片上就有"首席财务官"的头衔。）财务业绩角度上的"偏差"，仅仅是指由于编制者、解读者的经验和背景各不相同，导致数字向多的这边或者少的那边偏离，这也仅仅是因为财会专业人士编制财报时选用的会计假设和估计不同。本书目的之一就是，让读者弄懂这种偏差，明了这种偏差是必要的，甚至让读者学会为自己、为自己公司的利益运用这种偏差。你必须学会提一些问题来弄懂这种偏差，等收集到问题的答案,你就可以做出专业的、深思熟虑的决策。

定　　义

我们想让财务术语尽可能简单一些。财务书籍大多把词汇表附于书末,导致我们为了学一个新词语,必须从正在阅读的页面翻到后面查找,然后再回来接着读,这样来回来去,思路就被打断了。因此,本书将在第一次使用某个术语、读者正需要弄懂它的时候,就给出正确的定义。

举例:什么是专业判断

我们先来看一个数据,你一向认为它根本不需要被估计,可事实上,它是经常被估计的。收入,或者叫销售收入,指的是在一定时间段内,公司向客户卖出货物的总价。你肯定觉得这个数字太容易确定了,但是这里有个大问题就是,公司应在何时记录收入?用会计师的术语说就是,收入应当在何时"确认"?下述几种情况均有可能:

- 公司和客户签了合同就记收入。
- 向客户交付了产品或提供了服务之后就记收入。
- 给客户开了发票之后就记收入。
- 客户付钱之后就记收入。

如果你说,"向客户交付了产品或提供了服务之后就记收入",那么你说得很对。本书第7章会讲到,这正是"销售收入何时计入利润表"的基本规则。可是,这条规则真没这么简单,要执行这条规则,需要很多前提假设，而现实中，在很多财务欺诈案里，与"销售何时才能算作销售收入"相关的系列问题，都是焦点中的焦点。德勤法务中心2007年的研究结果表明，美国证券交易委员会（Securities and Exchange Commission，SEC）在2000～2006年追查的欺诈案中，收入确认有问题的占41%。[1]

利润表

利润表列示一个时期内的收入、成本费用、利润，这个"时期"可以是一个月、一个季度，也可以是一年。利润表也叫损益表（简写为P&L）、收益表、经营成果表。有时候，利润表的表名之前会加上"合并"二字，叫作"合并利润表"，这仍然是一张利润表。利润表的最后一行是净利润，也叫作净收入、净收益。

假设一例：一家公司向客户出售一台复印机的同时，将其维修服务一并打包出售，并写在同一份合同里。假设这台复印机在10月运至客户处，此后的12个月都是其维修合同的有效期。好，问题来了：打包了的卖价是一个数字，在10月的账簿上，应把卖价中的多少记录为销售收入呢？这时候，公司承诺的"12个月维修服务"还一点都没提供给客户呢。会计可以估计出这些服务值多少钱，并据此调节收入——把服务价格多估一些，10月的销售收入就会少记点；反之，如果把服务价格少估一些，10月的销售收入就能多记点。在这里，会计就需要做一个很重要的专业判断。

这个例子可不仅仅是个假设，它真的存在。施乐是一家著名的生产和销售复印机的公司，它把"收入确认"游戏玩得相当大，曾有60亿美元的销售收入确认不够恰当。来看一下具体细节。施乐公司并不是一次性卖掉复印机，而是卖出4年的复印机使用权，在这4年中，承诺为客户提供服务和维护。那么，在客户预付的价款之中，有多少是复印机设备价款，有多少是4年后续服务价款呢？要是利润下降，公司股价就会暴跌。为免于此，施乐公司的高管决定把预付款中的一定比例在卖出设备时就记为销售收入，而这个比例越来越高，没过多久，他们就把几乎全部的合同价款，都在卖出复印机时确认为收入，几乎没什么留作4年后续服务的收入了。

施乐公司居然试图用会计手段掩盖商业上的败局，这种做法显然极其错误，但从这个案例中，我们可以看清一点：根本不用直接作假，只用合法手段，就能让企业的财务数据从亏损变成盈利或者从盈利变成亏损，这里的操作空间很大。

还有一例，也展现了财务的艺术特性，并且也是财务造假丑闻中的常见技法，就是公司可以随意决定一项开支是记入资本性支出，还是记入费用性支出（比如经营费用）。德勤的研究表明，2000～2006年，有11%的财务造假案用了这种花招。本书后面的章节将会详细介绍这一花招的所有细节，在这里，重点介绍的是，费用性支出会在一年内立即减少公司利润，而同样金额的资本性支出会在几年内分期分批减少公司利润。你看，这里的诱惑在于：一笔钱花出去不用立即全部冲减利润，而是可以分好几年，慢慢冲减利润。形象地说就是，你把购买办公用品的钱全部说成是"资本性支出"，就能增加公司的利润。世通公司就是这么想的，并且也这么干了，所以这家大电信公司有了大麻烦，它是在2002年破产的。本书第三部分的"工具箱"板块将详细介绍此事。为防止人们禁不住这种诱惑，会计行业制定了规则，公司内部也会制定规则，规定哪些开支归为资本性支出，哪些归为费用性支出。但是，这些规则留下了很大余地，人们对如何分类，还是有判断和选择的自由，而这些判断会影响公司的利润，同时会戏剧性地影响公司的股价。

经营费用

经营费用包括工资、福利、保险,以及其他各种各样的开支,这些都是用来支撑公司业务日常运转的。经营费用是利润表中的数字,利润表中的收入减去经营费用之后,才能得出企业的利润。

重申一下,本书不是写给投资人看的,而是写给公司里的经理人看的。为什么说公司经理人必须关心这些呢?最大的原因在于,他们做管理决策需要使用财务数据。经理人或者他们的上司、老板,都需要根据公司或者具体业务部门的财务情况做决策:怎么做预算,花多少资本性支出,雇多少员工,诸如此类。如果不了解财务数据背后的前提假设和估计,不了解这些假设和估计怎样严重影响财务数据,那么,做出的决策很可能就是错误的。"财务智慧",就是懂得哪些数字是依据充足、毫无争议的"硬数据",哪些是高度依赖专业判断的"软数据"。除了企业内部的经理人,企业外部的投资者、银行、供应商、消费者,都会将公司的财务数据作为决策依据。如果你对财务报表不够精通,你就不知道这些人关注财报的哪些方面,也不知道他们为什么关注这些方面,总之,你就处于一种任人宰割的不利境地了。

资本性支出

资本性支出是指购买长期资产的开支,比如购买机器设备和计算机系统。大多数公司的制度是,把超过一定金额的开支记为资本性支出,而把低于这个金额的开支记为经营费用。经营费用是利润表项目,它会减少利润;资本性支出是资产负债表项目,被记为资本性支出的机器设备,每年都仅有一部分折旧出现在利润表上,减少利润,本书第5章、第11章将详细介绍这些内容。

Financial Intelligence | 第 2 章 |

弄懂会计假设、会计估计、会计偏差

现在,我们对财务智慧的要素之一"会计的艺术特性"做稍微深一些的研讨。本书虽开篇不久,但向你介绍的这一分析方法却非常宝贵,对理解后文的概念和实务都特别有用。来一起看三个例子,同时请思考这几个看似简单却非常重要的问题:

- 这些数字和哪些会计假设相关?
- 这些数字是估计出来的吗?
- 如果有假设和估计,那么会引起什么偏差?
- 如果有偏差,会造成什么影响?

我们研究三个方面的例子:应计项目、折旧摊销、估值。这些词听起来像是财务人士讲的古怪术语,但别担心,很快你就能以惊人的速度掌握它们。

计提和分摊:包括了太多假设和估计

在每个月的某个时间,公司里的会计都会忙于"关账",这真的是一个财务之谜:关账需要那么长的时间,到底是为什么?如果没在财务部干过,你可能认为,关账只要花一天时间把账上的月末数字加起来就行了,怎么会需要两周甚至三周呢?

其中一项耗时良久的工作就是,算出所有需要在账上计提、分摊的数字。此处不讨论计提和分摊的细节,本书将在第11章、第12章对其予以详尽介绍。现在请阅读下面的"计提"定义,并重点关注这一事实:会计是用计提、分摊来描述当月的经营情况的。如果一份财报不能展示上个月的销售收入和销售成本,那么它就是毫无用处的,所以会计必须耗时费力去编制有用的财报。

计　提

计提,就是把收入或支出记录在特定时段之内。例如开发费用的支出,要历经好几个会计期间,所以每月都要将其总数的一部分进行预提并记账。计提的目的就是,尽可能让每个期间的收入和成本匹配精确。

分　摊

分摊,就是把一笔开支分配给公司内部的不同部门或者不同业务。例如，CEO的工资是共同费用，要分摊给好几个业务部门。

几乎所有的计提和分摊，都靠假设和估计做出。试以你的工资举例来介绍应计项目。假定你在6月的工作是试车一条新生产线，到了7月这条生产线正式成功投产了。在此情况下，会计必须判断你的工资有多少应计入生产成本，有多少应计入开发费用，因为你既参与了研发，也参与了生产。会计还必须判断你的工资有多少应计入6月，有多少应计入7月。会计怎么解决这些问题，会对利润表产生很大的影响。如果把工资计入生产成本，就会变成利润表上的销售成本，如果生产成本上升了，毛利就会随之下降，而毛利是评价产品盈利水平的关键指标。如果把工资计入开发费用，就会变成利润表上的研发费用，它属于利润表上的经营费用，绝不影响毛利数据。

假如会计把你的工资全部计入6月的开发费用，不计入7月的生产成本。会计这么做的前提假设是，你的工作和生产制造并不直接相关，所以不能归入生产成本。可是这样一来，开发费用和生产成本就都不准确了。

首先，开发费用被做得虚高。这可能导致，此后公司高管会分析得出结论："开发新产品耗费巨大，公司不应该再搞研发了。"果真如此的话，高管就会命令公司减少新产品开发，这样一来，公司岂不前景堪忧。

其次，产品成本被做得虚低。公司的产品定价决策、公司的人员招聘决策都会因此受到影响。公司可能把产品价格定得太低，可能雇用过多的人来制造这种虚假盈利的产品，而这种假利润完全来自不靠谱的前提假设。

以上当然都只是虚构的例子，其实在大多数公司中，任何单个人的工资都不会带来这么大的影响。但是，这种假设如果被广泛应用而不是只应用于一个人的工资，就会造成很大影响。正如华盛顿人的谚语所说，"这儿发份薪水不叫钱，那儿发份薪水不叫钱，发着发着就成了大钱"。读完这个简单的例子，你就很容易回答前文所提问题。在此例中，数字中的前提假设是什么？就是假定你的工作时间都花在 6 月的开发上，和 7 月的产品生产毫无关系。数字中的估计又是什么？就是怎么把你的工资在开发费用和生产成本之间分配。那么数字中的偏差在哪里？就是前文所说的虚高的开发费用和虚低的产品成本。最后，这些数字造成的影响是什么？就是公司高管根据虚假的"开发费用高昂"和"产品成本很低"信息去做出不当决策。

谁说财务不是又辛苦又精致的活计？会计师和财务专业人士都在竭力给出公司业绩的精确画像，但他们知道，他们永远也不可能获得真正准确的数据。

折旧：多少变数在其中

第二个例子：折旧。折旧的含义很容易理解。比如，一家公司购买了昂贵的机器、车辆等设备，预计使用数年。这时，会计需要考虑的是：不能把这些设备的成本全部放在一个月份内扣减收入，这样会使公司或事业部在这个月陷入亏损，所以，应该将设备的成本在使用年限内慢慢分摊。例如，假设一台机器可用 3 年，就在 3 年之中每年入账（"折旧"）其成本的 1/3，或者每月入账其成本的 1/36，这就是最简单的折旧方法。比起把设备成本一次计入当月，用这种方法计算每月、每年的成本更恰当，并且，这种方法将设备成本和收入配比得更好。我们将在第 5 章详细阐述"配比"这一重要思想。

折 旧

折旧是一种会计方法,具体就是把诸如设备等资产的成本,分摊到产品成本、服务成本中,然后展现在利润表上。这和"计提"的思路一样,都想要尽量将产品和服务的生产成本与其销售收入相匹配。大多数资本性支出都是要计提折旧的,不过土地不用折旧。会计总是努力把成本支出在其使用年限之内分摊。本书会在第二、第三部分对此介绍更多。

折旧,在理论上看起来相当完善。但在实务中,一件设备如何折旧,会计师还要做很多判断,而这些判断对数字影响极大。例如航空业,航空公司在几年前发现其飞机的实际使用年限超过预计使用年限,为在财报上体现飞机的实际使用寿命,航空公司的会计延长了飞机的折旧年限,然后,每月计提的折旧费用就变少了,在利润表上,这些折旧费用是收入的减项。猜猜接下来的后果是什么?就是整个航空业的利润猛增,并且由于飞机寿命显得更长了,航空公司不用按以前的预计早买新飞机。这里有一个前提假设,那就是,会计假定自己能够预测一架飞机可以使用多久。这就是会计做的判断,其结果就是公司的利润指标虚增,造成正向偏差。这种判断还引发了一系列后果:投资者决定买进更多股票,航空公司高管们盘算着怎么加薪,等等。

估值:多种多样的方法

关于"财务的艺术特性",再举最后一例,就是如何对一家公司估值,即估算一家公司值多少钱。当然,上市公司由于其股票在股市上公开交易，所以每天都能由市场为其估值。它们的价值称为"市值"，就是股票价格乘以股票数量。但在一些特定市场环境下，市值并不能反映公司的真正价值。例如，当竞争对手决意收购一家上市公司时，可能愿意支付高出市值的溢价，因为在竞争对手眼里，这家上市公司的价值比其在公开市场的市值要高很多。当然，股市不会为数百万非上市公司估值定价，这些非上市公司被买卖时，买方和卖方只能靠别的估值方法定价。

来看哪些是财务艺术：在这里，如何选择估值方法，就是财务艺术。选择不同的估值方法，就会估出不同的售价，这也意味着，其实每种方法估出的数字都有偏差。

例如，假定你的公司打算收购一家工业阀门制造公司，这对你的公司极其有利（所以这是一次"战略收购"）。那么，贵公司肯付多少收购价款呢？首先你会看这家阀门公司的盈利（这是利润的同义词）是多少，然后去股市看相似公司的市值与其盈利之间的对应关系（这就是"市盈率法"）。或者，你可以看这家阀门公司每年的现金流量是多少，然后计算一下你该花多少钱购买这些现金流量，于是你会使用利率来计算阀门公司的未来现金流量在今天值多少钱（这就是"现金流量折现法"）。还有，你可以简单看一下该公司的资产，诸如厂房、设备、库存等有形资产，以及声誉、客户关系等无形资产，然后估计这些资产值多少钱（这就是"资产法"）。

不言而喻，上述三种估值技术都各有一套前提假设，各有一套估计方法。例如市盈率法，假设股市一定是理性的，因此它给上市公司定的市值就肯定准确。可是众所周知，股市并非完全理性，若采用市盈率法，股市大涨时，你想买的目标公司价格就高上去了，而股市大跌时，还是这家目标公司，价格却低下来了。此外，正如本书第二部分要介绍的，"盈利"这个数字，本身就是估计出来的。所以你想改用现金流量折现法，但这个方法的问题是，在计算现金流量折现价值时，该用哪个利率（或"折现率"）呢？你选的利率不同，计算的结果也会大相径庭。资产法也有类似问题，它其实就是把很多单项资产的价值加起来，而这些单项资产的价值本身就是猜测（或称"估计"）出来的。

若是上述举例还不够，请回想 20 世纪末的互联网泡沫时期吧，那时人们经历了狂喜、震惊、焦虑。新设的互联网公司遍地开花、野心勃勃，满腔热情的风投机构给予巨量资金哺育其成长。投资者，比如风投机构（VC），只要对外投钱，就需要研究被投公司值多少钱。而一家初创公司，很难对其估值：它的盈利是 0，经营现金流也是 0，资产几乎为 0。通常情况下，这就是 VC 不做早期投资的原因之一。但是在互联网泡沫时期，它们把"谨慎"二字忘得一干二净，完全依赖"特殊估值法"做投资决策。它们查看被投公司雇用了多少工程师，统计被投公司网站的月点击量（即"吸引多少眼球"）。我们认识一位年轻气盛的 CEO，他的公司雇用了很多软件工程师，基本就凭这个雇用量，他就获得了几百万美元的投资。很不走运，没过一年，他的公司门口就贴出了"空房招租"的告示。

那时，我们对未来即将发生什么知之甚少，所以觉得"互联网公司估值法"不算糟糕，现在再看，这种估值方法极其愚蠢。不过前述其他估值方法都是合理的。每一种方法都有偏差，每一种方法都会得出不同的估值结果，这是问题所在，也会影响深远。基于这些估值结果，公司被购买，被出售；也是基于这些估值结果，公司可以获得银行贷款。如果你持有你所在公司的股权，那么你的股权价值几何，全靠恰当的估值。这些估值数字究竟如何计算出来，你应该清楚，我们认为这是财务智慧必备内容。

| 第 3 章 | Financial Intelligence

为什么要提升财务智慧

本书前文讨论都很抽象。我们一直在介绍财务的艺术特性,并阐释弄懂它就掌握了财务智慧的精髓。重温一下本书前言提出的话题:财务智慧的益处。对财务艺术稍做讨论之后,你就胸有成竹,知道本书要教你什么,你读完了能学到什么。

我们想对初学者强调,本书与其他财务书籍迥然不同,不要求读者预先具备财务基础知识,但本书也不是《会计学傻瓜书》的改版。本书绝不提及借贷分录,也绝不提及总账和试算平衡表。正如书名所说,本书写的是"财务智慧",也就是"如何理解数字的真正含义"。本书的目标读者不是想当会计师的人,而是公司中的领导者、经理人、员工,他们需要从财务视角理解公司发生了什么,他们获得的信息可以使其工作和管理更高效。本书将教你如何解读财务报表,如何识别财务数据的潜在偏差，如何利用财报数据优化你的工作。你将学会怎样计算比率。你将学到投资收益率（ROI）和营运资金管理，并用来提高你的决策水平和影响力。总之，你的财务智慧会迅速得到提升。

此外，如果你迅速提升了自己的财务智慧，你还很可能在众人之中出类拔萃。不久前，我们组织了一次调研，从全美国挑选了有代表性的非财务经理人，给他们出了21道财务题目，这些题目涉及的概念是任何高管、任何初级会计人员都应知应会的。非常遗憾，经理人的平均得分是38分，无论以什么标准评判，这都是不及格的。从答题情况看，他们大多数人分不清利润和现金流，很多人分不清资产负债表和利润表，约70%的人弄不清自由现金流概念，而这却正是很多华尔街投资人的选股指标。[1] 读完本书，你就不仅知道所有这些要点，还会学到更多，这就是我们说的出类拔萃。

财务智慧的益处

岂止是考一个高分，财务智慧还有很多益处。

教你洞悉贵公司实力

你怎么知道你老板的钱够不够给员工发工资？你怎么知道你在做的产品或服务能赚多少钱？审批资本性支出时，你怎么知道用作投资收益率分析的数据是否可靠？提升你的财务智慧，你就可以洞察此类问题。甚至，你还可能有过噩梦般的工作经历：曾在美国国际集团（AIG）、雷曼兄弟公司、华盛顿互助银行任职，而那些公司的人很多对公司的高危险情茫然无知。

例如，假定你 20 世纪 90 年代末期在世通公司工作，这是一家大型电信公司。世通公司的战略，是以并购实现扩张，可是问题来了，它赚不够并购所需的现金，于是就以股票代替现金，用世通公司股票支付一部分并购价款。这意味着，它必须使股价保持在高位，否则，就得使用更多现金支付并购价款，从而使收购极其昂贵。换作你，也知道若要公司股价高，先得公司利润高。还有，世通公司并购所用现金来自银行贷款，而大量借钱的公司必须保持高利润，否则银行会停贷。这种双向压力，迫使世通公司编报出高额利润。

这些压力是世通公司财务欺诈的根源。后来，该公司被曝造假。正如《商业周刊》引用美国司法部起诉书所说：该公司"运用多种会计手段，包括低估费用、将费用性开支资本化等，人为虚增利润"。[2] 当所有人都知道其利润造假时，世通公司轰然倒下，坍塌如同纸牌做的屋子。但是，即便并无欺诈，世通公司也无力赚到能满足其并购战略的现金，该公司短期可以依赖贷款和股市提供的现金，可是，并不能永远这样依赖。

还有泰科国际公司。曾几何时，泰科国际公司是知名的大型并购买方。真的，它曾在两年内收购了大约 600 家公司，也就是说，每个工作日收购的公司都超过一家。这些并购导致泰科国际公司财报上的商誉数字高涨到了让银行家都相当紧张的程度。银行家和投资者都不喜欢财报上的商誉过大，他们更偏爱看得见摸得着的资产（如遇困境，此类资产更容易抛售变现）。因此，该公司被传存在会计不规范时，银行家飞速叫停了它的更多收购。如今，泰科国际公司致力于自然增长和精心运营而不是并购，其财报表现与其经营战略很是匹配。

商　誉

当一家公司收购另一家公司时，可能会产生商誉。商誉等于收购价格减去被收购公司的净资产（市场公允价值减去负债）之差。例如，一家公司的净资产是 100 万美元，收购方支付 300 万美元买价，则收购方的财报上会出现 200 万美元商誉。这 200 万美元商誉，反映的是被收购方有形资产之外的价值——诸如品牌、声誉等。

资产负债表

资产负债表反映某一时点的资产、负债、所有者权益。简言之，就是在某一特定日期，公司自有多少，欠别人多少，本身值多少钱。它的英文名称叫"平衡表"（balance sheet），因为它总是平衡的——资产减负债必定等于所有者权益。经理人若是精通财务，就知道所有的财务成果最终都汇集到资产负债表上。本书第三部分将解释此中道理。

我们并不是说，每一位具备财务智慧的经理人，都能看出世通公司和泰科国际公司的危机。这两家公司骗过了很多华尔街高手，这些华尔街人士可是一看就是精明透顶的人。尽管如此，你多学一点知识，就多一种工具，去观察你公司的趋势、去理解数字背后的更多故事。换言之，你有可能无法自己找到所有答案，但你会知道，如果你找不到答案，你应该提出什么疑问。在你评估公司现状和未来时，都可以试用这种办法。你可以学会评价公司现状如何，懂得如何极力成就公司目标，同时成就你自己。

教你更深入理解数字偏差

我们讨论了很多数字偏差，但是然后呢，懂这些偏差对你有什么用呢？一大用处是：财务智慧能给你足够的知识和自信，使你能质疑财会部门提交的数据。你可以识别"硬数据"、前提假设、估计。你会知道，别人也会知道：你在任何时候的决策和行动都是有扎实依据的。

假如你在经营管理部门工作，你建议公司采购一些新设备。你老板答复说，他会听你汇报，但是要你论证这项采购的必要性。这意味着，你要做一系列财务数据分析，包括设备的现金流分析、营运资金需求分析，并且列出设备的折旧时间表。惊奇的是，所有这些数据都来自假设和估计。如果你知道其中的假设和估计是什么，你就可以检查它们是否合情合理。如果它们不合理，那么你就可以改变假设，修改估计，做出一套切合实际的分析，以支撑你提出的采购建议。例如，乔喜欢告诉大家，一位精通财务的工程师可以轻而易举地做一套分析，论证公司老板为何应该给他买一台5000美元的数控/制图计算机，并且配上最新版本的软件。工程师会说，以新电脑的性能和处理速度，他每天能节约一小时工作时间，这样一年下来，合计会省出多少钱——所以新电脑是想都不用想就该买的。但是，一位具备财务智慧的老板，会琢磨工程师所说的这些假设是否合理，并且提出相反的假设，比如：新电脑的性能可能让工程师玩得不亦乐乎，每天实实在在减少一小时工作时间。

实际上，财务知识丰富的经理人可以轻松改变讨论中的条件，从而做出更好决策，这真的很神奇。乔在福特汽车公司工作时，就实地体验过这一课。乔和几位财务人员向分管市场营销的董事汇报财务业绩，众人落座之后，董事先说了："我先提一个问题，再看你们这份财报。请问，这份报告是在烤箱里，多高温度，烤了多长时间？"大家都不知道这位董事说的是什么，只有乔灵机一动，答道："先生，我们用350度高温烤了两小时。"董事说："好，我知道你们花了多少工夫炮制它了，开始吧！"他的意思是，他知道这些财务数字里有很多假设和估计，而他会就此提出疑问。在会议中，董事问及财务数据有多可靠，财务人员愉快地回答数据来源是什么，数据假设是什么（如果有的话），然后董事就可以将这些数据用于恰当的决策了。

如果高管不具备这些财务知识，会怎样呢？很简单：财务人员会控制决策。我们使用"控制"这个词，是因为：决策依赖数据，数据依赖会计假设和估计，所以说是财务人员控制了公司，并且这种控制非常有效（即使他们不想控制任何事情）。所以，若你做高管，你一定要知道该怎么向财务人员提问。

赋予你使用数据和财务工具的能力，并以此做出决策、分析决策

什么是项目的 ROI？公司非常赚钱，为什么我们却无钱可用？我不在财务部工作，为什么我还需要关心应收账款？每天你都会有这些疑问，或者别人这样问你，因为他们认为你能回答。你想用财务知识去做决策、去辅导下属、去为你管理的部门或者公司规划未来，本书将尽量不用财务术语，教你怎么去做这些，为你举例，然后讨论如何处理结果。

例如，我们先看这个问题：公司是盈利的，可财务部的人却告诉你什么钱也不能花，这是为什么呢？

预先强调一个基础原理：利润不等于现金。本书第 16 章会详述这里的原因，在此我们先直接使用这一原理。利润来自收入，收入在产品或服务交付给客户时确认，而不是在客户付款时确认。所以，利润表的第一行，减除成本费用就能得到利润的"收入"，充其量就只是一种许诺，这可是常事儿。客户尚未付钱，所以收入不等于现金，同理，利润表最末行的利润，也不等于现金。如果一帆风顺，公司在未来就能收回应收账款，也就有了与利润水平相符的现金，但是，眼下暂时还没收回，也就没有现金。

再假设，你在一家成长迅速的服务公司工作。公司高价出售大量服务,因此收入、利润都很高。公司以最快的速度增聘员工,新员工入职后当然就得付薪水。但是这些员工赚来的利润,要到为客户开出账单30～60天后,才能变成现金。这就造成:即便是利润很高的公司,其CFO也会经常说,别花钱,现金太紧张了。

现　　金

资产负债表中的现金,表示公司拥有的银行存款,以及股票、债券等可以立即变成现金的财产。它真的就是这么简单。稍后我们将讨论怎么计算现金流量,在此,只需记住,当公司提及现金时,指的就是真金白银的现钱。

虽说本书旨在提升商务方面的财务智慧,但你也可以将所学用于打理个人生活。比如,你学的知识也可以用于买房、买车、买船这些购买决策。再比如,你的投资决策、你的未来理财计划,本书虽与投资无关,却与如何理解公司财务有关,这将能帮你分析潜在投资机会。

财务智慧对公司有益

我们的日常工作就是教授财务知识,我们的学员有企业高管、经理人、员工,我们希望借此提高他们的财务智慧。因此,这是我们学员很重要的一门必修课。我们在教学工作中看到,学员财务智慧的增长,也使其公司受益了,以下就是受益之处。

平衡组织内的不同力量

公司的决策是被财务人员主导的吗?他们不应该主导啊。财务部门的力量，应该被经营管理、市场营销、人力资源、客户服务、信息技术等诸如此类的力量平衡。如果这些部门的经理人不懂财务，不懂如何解读公司财务数据，不懂如何使用财务数据对公司做批判性评价，那么，他们在财务部面前就会落于下风，财务部向数字里加的偏差可能影响公司的决策，甚至直接决定公司如何决策。

优化决策

经理人在决策时，例行考虑的是市场、竞争、客户，当他们也考虑财务分析时，其决策会更加优化。我们不是数字信徒，不认为只靠数字就能做决策，但是我们认为，无视数字是相当愚蠢的。优质的财务分析，能为经理人开启一扇通向未来的窗，帮他们做出见解更深刻也更精明的决策。

形成巨大合力

想象一下，如果公司中每个人都能从财务角度理解业务，那么公司的力量会有多强大。每个人都直接为公司战略、公司目标工作。每个人都是一个团队，为健康的盈利能力和现金流而工作。每个人都用这种业务语言充分沟通，而不是靠办公室权术谋夺职位。这真的可以！

获得财务智慧的绊脚石

越宝贵的东西，越来之不易，对于个人和公司而言，都是如此。以下是个人和团队都可能遇到的障碍。

障碍一：你可能讨厌数学、害怕数学，不想做任何计算题目。那好，欢迎加入"讨厌数学俱乐部",太多人都和你一样。不过,在大多数情况下,财务只需做加法和减法,你弄清这一点的时候会很惊讶。财务人士在处理非常复杂的事情时,才需要做乘法和除法。我们永远不用去求函数的二阶导数,也不用去求一条曲线之下的面积(精于此道的工程师们,辛苦啦)。所以,你别怕,财务智慧相关的计算特别简单,买一个计算器也特别便宜。你获得财务智慧的时候,不需要成为像火箭科学家那样的数学高手。

障碍二:财务信息都在财务部门手里攥着。贵公司的财务人员,是否还局限在他们的老套路里,充当数字的管理员、操作员,和其他部门沟通交流都很勉强?他们是否关注控制和合规?果真如此,则你很难拿到财务数据。但是在贵公司的管理层会议上,你仍可用你所学的知识,讨论财务数据。你可用财务智慧中的工具帮助做出决策,或者去提问财务数据中包括哪些假设和估计。事实上,你可能会让你的会计师和财务人员又惊又喜,我们对这样的场景喜闻乐见。

障碍三:你的老板不许你盘问财务数据。若真如此,那就是老板自己对财务数据并无自信。他极有可能根本不懂数据里有哪些假设、估计,造成了哪些偏差。你的老板是被数字蒙蔽的人!遇到这个障碍,我们建议你坚持下去,直到老板正确认识到这对他自己、对他所在的部门、对他的公司统统有利。你可以帮老板很多。这么做的人越多,整个团队的财务智慧越高。甚至你还可以冒点险,你的财务知识赋予你发现新事物的能力,你可以提出一些研究性的问题。

障碍四:你没时间学习。也行,你只要有读完这本书的时间就行了。如果你频繁出差,带着本书坐一两次飞机即可,只需几小时,你的财务知识就会突飞猛进,远超往昔。或者,你把本书放在手边携带也行。我们特意把每章都写得很短,方便你有点时间就读一章。顺便说一句,本书提及20世纪90年代和21世纪初的某些反面公司相当花哨的财务欺诈案例，只为增加阅读乐趣，并告诉你这个"江湖"有多险恶。我们不是说每家公司都那样坏，恰恰相反，大多数公司都是最敬业地报出公正、诚实的财务业绩。不过，阅读坏公司的故事还是很有趣的。

　　所以，不要让这些障碍挡住你前进的步伐。读这本书，尽量了解你的公司，很快你就能对财务艺术做全面的欣赏，并提升你的财务智慧。读这本书，你不会神奇地获得财务MBA学位，但它让你在使用财务数据时成为一位有鉴别能力的消费者，你能理解、评价财务人士提交的东西，并且恰当提出你的疑问。不用多久，你就不再被财务数据吓倒，这对你的职业发展极有好处，并且这个过程毫无痛苦。

| 第 4 章 | Financial Intelligence |

为何你不必永远遵守会计规则

本书并不打算介绍多少会计流程,但我们认为,对会计必须遵守的规则有一个广泛的了解,还是很不错的,这能帮你理解他们为什么选用某些会计估计和假设,而不是选用别的估计和假设。此外,有些公司编制不遵循会计准则的内部财报,这也是有用的。

现在,从头开始。在美国,会计遵循一套被称为通用会计准则(Generally Accepted Accounting Principles,GAAP)的规则记账,GAAP包括公司编报财务报告时所用的规则、标准、程序。其中的规则由财务会计准则委员会(Financial Accounting Standards Board,FASB)和美国注册会计师协会(American Institute of Certified Public Accountants,AICPA)制定并管理。美国证券交易委员会要求上市公司遵循GAAP标准。大多数非上市公司、非营利机构、政府也使用GAAP。严格来说,我们应将其简称为 US GAAP，因为这些规则只适用于美国公司。（关于国际会计准则，我们稍后再详细介绍。）

若是把 GAAP 的所有公告一页页打印出来，有人算过，会超过 10 万页。使用 GAAP 编财报的会计，通常都只是某一方面的专家，比如折旧专家，我们没见过谁读完了 GAAP 全部文档，并且是 GAAP 全方面的专家。

规则不是真规则

GAAP 的目的，是让会计信息对投资者、债权人和其他使用会计信息做决策的人有用。GAAP 也应向公司高管和经理人提供有用的信息，帮助他们提高公司业绩、保存公司历史记载。

但是 GAAP 的规则和大多数人理解的"规则"不一样。它不是以命令的语气，要求"按这个方法计算这种费用""按那个方法计算那种收入"，它是原则和指引，因此使用者可以有自己的理解和判断。一家公司的会计，必须弄清既定的会计原则怎样应用于本公司的具体业务。这是财务艺术的一大块内容。请记住：财会人士是在尝试用数字描绘自己公司的现实，所以财务数字永远不会达到精确、完美的程度，同时，财务数据必须根据自己公司的具体情况、具体特点"量身定做"，也就是说，虽不会精准，却务必定制。这都是 GAAP 所允许的。

你若看看上市公司的会计报表附注，就会发现，有的附注是解释上市公司的会计是怎么运用 GAAP 指引的。例如，福特公司 2010 年度财报附注中有这么一段：

根据美国 GAAP 的要求，在持有待售处置组期间，我们都在资产负债表上汇总列示持有待售资产和负债处置组。为使报表具有可比性，我们也把前期资产负债表上的持有待售资产和负债处置组予以汇总列示。

这段行话不好懂吧？这就是会计在用财会术语解释自己怎样应用 GAAP。有时候，会计不得不重编财报，这是由于他们发现原来的财报有错误，或者找出了新的应披露信息，或者因为 GAAP 自身发生了变化。例如，苹果公司重述了其 2009 财年业绩，它在 2010 年 1 月 5 日的公告中说：

因采用新修订的会计准则而追溯调整财报

采用新会计准则，导致公司在将 iPhone、Apple TV 产品交付客户时，就确认几乎所有收入、成本。采用原有会计准则时，公司对 iPhone、Apple TV 都采用认购会计，因为公司默认会经常为这些产品提供免费的非定制软件和功能升级，在认购会计方式下，卖出 iPhone 和 Apple TV 时，其收入和对应成本都被递延，在其预计使用期间以直线法确认。这导致大量 iPhone 和 Apple TV 的收入、成本确认被推迟。

因为苹果公司从 2007 财年开始销售 iPhone 和 Apple TV，所以公司追溯调整，视同新的会计准则在此前所有年度就已采用……

重申一次：以上这些，大致比任何非财务人士想懂的，都要多得多。但是，如果你是投资者，你想要逐年评估苹果公司的业绩，那你就得准确理解该公司为什么重述财报，怎样重述了财报，否则，你就是拿着茄子和瓜做比较。

GAAP 为何如此重要

有一套通用会计准则，好处不少。首先，它使投资者等人有办法对比不同公司、不同行业、不同年度的财务业绩。要是每家公司都不按通用会计准则编制财报，而是采用自己觉得合适的会计规则，那么，其效果就相当于联合国开会没有翻译：没人能听懂别人说什么，也没人能对通用公司、微软公司、苹果公司做比较，而你不知道这些公司是否以同样的方法计算收入和成本，你也永远都不知道哪个公司更赚钱。

还有，GAAP 试图让一切都真实可靠，而人们总是试图绕过规则。传奇投资者沃伦·巴菲特以发出警告而著称，比如他在1998年致股东的信中说：

> 有些经理人会利用 GAAP 搞欺诈。他们知道，许多投资者和债权人对按 GAAP 编制的财报深信不疑，所以这些骗子以天马行空的想象力解释会计准则，在技术上，他们是按 GAAP 记录公司的业务和交易，但实际上，他们对外报出的业绩却是假象。只要投资者（包括老练的投资机构）对持续增长的"盈利"做出高估值，你就知道，经理人和创始人一定会利用 GAAP 创造出"盈利"数字，而不管真相到底是什么。多年以来，我和我的合伙人查理·芒格见过许许多多规模惊人的会计欺诈。可是罕有作恶者得到惩罚，许多骗子甚至都没被谴责。用纸面功夫偷大钱，比拿着枪杆子抢小钱，要安全得多。

虽有人如此胡作非为，GAAP 还是功不可没：它提供了一套大多数公司（如果不是所有公司）都必须严格遵循的原则指引、检验方法。FASB

和 AICPA 在持续修订、更新会计规则，以反映新的问题、新的注意事项，因此，GAAP 是与时俱进、不断成长的。

几条关键原则

GAAP 和以 GAAP 为基础编制的财报，有几条基本原则。了解这些原则，你就可以弄懂财报中有什么、没有什么。

货币单位和历史成本原则

这一原则规定，财报中所有项目都要以货币表示，诸如美元、欧元等，并且公司为购买资产而支付的价款（会计管这叫历史成本），是确定该资产价值的基础。这里的"资产"，是指公司所拥有的财产。我们这会儿讨论的是财务艺术问题。例如，一座大楼，目前肯定比刚建好的时候更值钱，但它在账簿上的价值，还是公司建造它时的初始成本。但是，公司通常不使用历史成本法对股票和债券做估值。GAAP 要求会计以现行市价对金融资产进行估值。这就是市价法会计，本书第三部分的"工具箱"板块将讨论这个概念。

稳健原则

GAAP 要求会计人员保持谨慎。这仅要求他们在会计工作中谨慎保守，并非要他们在政治或者生活中也这样。不过，这也许能解释为什么固守陈规的会计在其生活的其他方面也相当保守。会计稳健原则意味着，公司若预计会发生可量化的损失，就要立即在财报上列出这些损失项目，也就是说，一旦损失能被量化，那就立即列示。会计管这叫"确认一笔损失"。

对待收益的方法却正好与此相反。当公司预计会有收益时，会计不能立即将其记账，直到该收益的确真正发生才可以记账。我们假想一例：一家公司做了一单销售，会计可以将其记账吗？GAAP 说了，至少满足以下四个条件，才能把这当作收入记账。

- **确有可信证据，表明存在某种安排**。意即：公司确认销售事项真实发生。
- **货物已经交付或服务已经提供**。意即：所售货物或服务已经以某种方式送达或提供给客户。
- **卖方向买方的售价是固定的或者可确定的**。意即：必须知道价格是多少。
- **价款的收回有保证**。意即：如果你觉得你收不到价款，那么就不能将其记为收入。

当然，在大多数情况下，这四个条件都很容易满足。仅在出现擦边情况时，会计才需要做判断。

一致性原则

GAAP 提供的是指导原则，而不是标准规则，所以公司可以自选使用什么会计方法和假设。一家公司，一旦选定了使用什么会计方法和假设，就要一直使用，除非业务方面的变化需要公司改变这些会计方法和假设。换言之，在每个财年，公司都不能无正当理由改变会计方法和假设。如果公司的会计每年都改变所用的会计假设，那就没人可以把不同年度的财报做对比，而你，作为公司经理人，也根本不知道财务数字到底反映了什么。最后，真有些公司有可能改变其会计方法和假设，就为了让每年的财务数字越来越好看。

充分披露原则

充分披露原则与前文的"一致性"原则是有关联的。一家公司若改变其会计方法和估计，并且这种改变具有重大影响，则公司应当同时披露做出的改变、改变带来的影响。你能看出其中的逻辑。我们这些财报读者，需要了解上述变化及相关影响，才能充分理解财报数据的意思。公司都在认真满足此项要求。下文案例中，福特公司在 2010 年财报中披露了一项会计变化，即便这一变化根本没有重大影响——这种披露也是在恰当运用稳健原则。

金融资产转移。 在 2010 财年第一季度，我们采用了金融资产转移相关的新会计标准。该标准对金融资产转移、公司对已转移金融资产的继续涉入均要求以更高的透明度进行披露。该标准还从 US GAAP 中删除了合格特殊目的实体的概念，并改变了终止确认金融资产的相关要求。新会计准则对我们的财务状况、经营成果、财务报表均无重大影响。

重要性原则

会计术语中，"重要的"是指对于投资人有用的信息，这些信息会影响投资人对公司财务状况的判断。所有重要事项或信息都必须披露，通常都是在会计报表附注中披露。例如，苹果公司的 2011 年财报，就包括如下警告：

截至 2011 年 9 月 24 日，即本报告所涵盖的年度期末，本公司涉及如下所述多项法律诉讼和索赔，以及由正常业务产生、尚未完全解决的其他法律诉讼和索赔。本公司管理层认为，并不存在导致公司产生重大损失的合理可能,即可能发生的损失并未有超过账面应记之数的合理可能。然而,公司涉及的诉讼和索赔的法律结果具有很大不确定性。因此,虽然管理层认为法律结果为期尚远,倘若其中一项或多项法律事件在同一报告期以超过管理层预期的金额结案,则公司该报告期的合并报表会受到重大不利影响。

换句话说:我们觉得这些诉讼不会造成任何损失,但我们的判断有可能失误。

GAAP 中不是仅有这五条原则,但我们认为,这几条是最为重要的。

国际会计准则

美国之外的一百多个国家,使用和 GAAP 不同的会计准则,叫作"国际财务报告准则"(International Financial Reporting Standards,IFRS)。与 GAAP 一样,IFRS 制定了经济组织编报财报时应遵循的原则和规则。IFRS 的目标是,尽可能使不同国家的公司的财报能够互相比较。通常,IFRS 的规则比 GAAP 要简单一点。

本书英文版付梓之时,猜猜看发生了什么?美国可能要加入 IFRS 了。美国注册会计师协会建议加入,而美国证券交易委员会也承诺尽快做出决定。不过,要求美国公司遵循国际会计准则得是好几年之后的事情了。但是,美国的公司并不赞同这种改变。例如,2011 年 7 月,《华尔街日报》刊文报道了大小公司之间的相关争执。大型公司经常做跨国业务,因此需要实施国际会计准则,而小型公司通常没有美国之外的业务,因此认为实施国际会计准则没有价值。[1] 从我们的角度看来,改用国际会计准则意味着所有的财报都使用相同的语言，我们一直认为这是一件好事。

不遵循 GAAP 的财报

本章开头说过，有些公司按 GAAP 定期编制财报，同时还另编一套不遵循 GAAP 的财报，这是真事。许多公司报出的数字，不遵循 GAAP 的规则和指引，这叫作——听好了——"非 GAAP 财务数据"。公司的内部管理经常需要使用这些数据。

这些公司是做了俗话所说的"内外两套账"吗？真不见得。人们用"非 GAAP 财务数据"解释公司业务，不用担心与公司运营无关之事带来的影响，比如偶发事件和 GAAP 的变化等。许多公司甚至将非 GAAP 财报和 GAAP 财报一起对外披露，并提交给华尔街分析师。它们可能认为非 GAAP 财务数据对公司业绩的描绘更为准确，或者认为非 GAAP 财务数据是衡量公司业绩的重要指标。或者，它们可能只想展示公司财务状况，不想列出与公司远景无关的具体数字。总之，它们编报非 GAAP 财报，是因为相信这能促进外界对公司财务状况的理解，并方便对不同年份的财务状况做比较。

例如，星巴克公司在 2011 年第三季度业绩发布新闻稿中说：

- 合并报表的营业利润率为 13.7%，比上年同期 GAAP 财报上升 120 个基点，比上年同期的非 GAAP 财报上升 40 个基点。
- 按照 GAAP 计算，美国区域营业利润率比上年同期提高了 300 个基点，达到 18.8%；按非 GAAP 计算，提高了 210 个基点。

- 按照 GAAP 计算，国际营业利润率比上年同期提高了 200 个基点，达到 12.2%；按非 GAAP 计算，提高了 140 个基点。

解释一下：一个"基点"是 1% 的 1%，所以 100 个基点等于 1%。至于"营业利润"，你会在本书第 21 章学到，在此只需要知道它是一个衡量利润的指标即可。因此，星巴克公司在公告利润时，是同时采用了 GAAP 和非 GAAP 模式。在这篇新闻稿的后文中，星巴克公司解释了自己如何计算非 GAAP 数据：

> 本次公布的非 GAAP 财务指标，不包括 2010 年的重组费用，该等费用主要与此前公告的关闭公司自营门店相关。公司管理层认为，提供这些非 GAAP 财务指标，可使投资者更好地理解并评估公司的历史和未来业绩。具体而言，在非 GAAP 财务指标中不包括重组费用，是因为公司管理层认为，该等支出并不能反映未来经营费用的预期数值，也不能有助于将公司未来经营业绩和过往经营业绩做对比。

颇具讽刺意味的是，GAAP 要求对编报非 GAAP 财务数据进行管理控制。公司通常会列出它们用什么样的数学方法，把 GAAP 财务数据转换为非 GAAP 财务数据。这通常被称为过桥报表。这方面细节过多，我们不再深入讨论，但若你有兴趣，可以随便查查公司的财报附注或补充文件。

好，我们讨论 GAAP 已经够多了。接下来我们进入财务智慧的精髓，从三张财务报表开始。

工具箱

如何得到你想要的东西

想象一下,如果你向老板提交一份要求升职加薪的报告,其中详细分析了公司的财务情况,精准展示了你所在团队对公司业绩的贡献,你老板的表情会有多震惊?

这个场景太离谱?还真不是。只要你读完本书,你就会懂得如何收集并诠释如下数据。

- **你需要收集上一年度公司收入增长、利润增长、利润率的改善情况。**如果你从这些数据看出公司经营业绩良好,那么你可以推测,公司高管可能考虑新的发展计划和扩张机会,所以他们就会需要经验丰富的人,比如你。
- **你需要收集公司尚未解决的财务难题。**存货周转能不能更快?毛利率能不能提高?应收账款能不能更快收回?如果你能提出改善公司财务状况的具体方法,你和你老板都会显得很有智慧。
- **你需要收集公司的现金流量情况。**或许,你能以此数据对老板说明,公司有大量的可用现金,为辛勤努力的员工加薪完全够用。

你应聘新工作时也可以这样做。专家总是建议求职者向面试官提问,如果你提出的是财务问题,就能表明你很懂财务。你可以试试提出如下问题:

- 公司是否盈利?
- 公司的净资产是否为正数?
- 公司的流动比率如何,是否足以支付员工薪水?
- 公司收入趋势是在上升还是下降?

如果你不懂如何计算这些，请继续阅读，你在本书都能学到。

财务工作者都是什么人，财务工作都做什么

谁是财务工作的真正负责人？在不同公司，头衔和职位名称各不相同，不过财会部门高管通常是这些人：

首席财务官（CFO）。CFO从财务角度参与企业的管理和战略制定，负责监督所有的财务工作，公司的财务主管和会计主管都向他报告工作。CFO通常是公司执委会成员之一，并且在董事会担任董事。对于公司的财务事务，CFO是最高负责人。

财务主管。财务主管需要兼顾公司内外事务，他负责建立并维护和银行的关系，管理现金流，预测企业未来业绩，并且他的工作和股权、资本结构方面的决策有关。财务主管还会负责一些投资者关系事务，以及股票方面的决策事宜。有人说，理想的财务主管是财务专业和人品性格都优秀的人。

会计主管。会计主管的工作重点完全聚焦于公司内部，其工作是提供准确可靠的财报。会计主管主要负责基础会计工作、财务报表、业务分析、财务计划、资产管理以及内部控制。他要确保公司的日常经济交易精准记账无误。若无会计主管持续提供优质数据，CFO和财务主管都无法工作。会计主管经常被称为"数豆者"，正确使用这个绰号是需要点聪明的，因为若是CFO和财务主管被这么称呼，他们就会恼火——他们认为自己是财务专业人士，而不是数豆粒的人。

上市公司的报告义务

在股市公开交易的公司（任何人都可以在交易所买到它们的股票），通常需要向政府机构报送大量报告。在美国，这个政府机构就是SEC（证券交易委员会）。SEC要求报送的表格中，最常见最有用的是年报，叫作10-K表，或者简称10-K。上市公司向股民散发的绚丽宣传册也叫年报，

这两者不是一回事。绚丽宣传册通常载有 CEO 和董事长的信，还可能载有公司产品和服务的广告，有饼图和彩色曲线图，以及其他营销方面的内容。而 SEC 要的 10-K 表，通常都只是简单的黑白两色，整本都是文字和数据，这都是 SEC 规定的。10-K 表包括公司历史、高管薪酬、业务风险、法律诉讼、管理层讨论、财务报表（根据本书第 4 章介绍的 GAAP 编制）、财务报表附注以及财务控制、财务程序等章节。你可以从中学到很多。

每三个月，上市公司都必须发布一份 10-Q 报告。10-Q 比 10-K 短得多，主要报告公司最近一个季度的财务业绩。每年，上市公司只需要报 3 次 10-Q，因为它们可以把最后一季的业绩包括在 10-K 之中。

请注意，财务的季末和年末，不必是日历表上的季末、年末。一家公司可以指定任何一天作为财务年度的最后一天，然后财务季度的第一天从次日开始起算。例如，一家公司的财年结束于 1 月 31 日，则它的 4 个财务季度，就分别是 2～4 月、5～7 月、8～10 月、11～1 月。你可以在上市公司网站和 SEC 官网上找到很多 10-K、10-Q 以及 SEC 要求的其他表格。SEC 将这些表格收集在一个叫作 EDGAR 的数据库里，并附以使用教程。

第二部分

利润表的特点

Financial
Intelligence

| 第 5 章 | Financial Intelligence |

利润是估计出来的数字

"利润是企业的最高主权",这一妇孺皆知的名言据说来自彼得·德鲁克。使用"主权"这个词形容利润,是非常正确的。盈利良好的公司有自己的发展路线,其管理者能使公司沿着期望路径前进。当一家公司不再盈利时,其他人就开始指指点点地干预业务了。盈利能力也是评价管理者水平如何的标准。你是提高了公司盈利能力,还是降低了公司盈利能力?你是每天都在设法提升公司的盈利能力,还是仅仅在做例行工作、希望一切问题都能自行解决?

另一句名言,来自尤吉·贝拉和《彼得原理》的作者劳伦斯·J.彼得,"若不认定方向,必将沦落四方"。你若不知道如何提高公司的盈利能力,那你基本上也做不到高效工作。

实际上,太多商业人士不明白利润到底是什么,更不明白利润是如何计算出来的。他们也不理解，一家公司在某一特定期间的利润，其实是一系列估计和假设的反映。财务艺术，也可以称为利润制造艺术，或者利润拔高艺术（让表面利润高于真实利润）。本书这一部分，就介绍企业怎样使用合法、不合法的手段，达到这种效果。大多数企业的操纵手段都是纯粹的直来直去，而且，总有一些企业突破底线。

本书主要介绍有助于理解利润表的基础知识，因为"利润"只能是利润表上列出的那个利润数字，别无二解。学会破译这张报表，你就能弄懂、会评估你公司的盈利能力。你能影响利润表上的一些项目，你若学会管理这些项目，就能弄懂如何提高你公司的盈利能力。学会了利润制造艺术，你就肯定可以提高你的财务智慧。

学一点点会计知识

上一章说过，本书只包含极少会计内容，但本章还是会介绍一个会计理念，因为你只要理解了它，就能准确掌握什么是利润表，利润表在说什么。首先，我们退一步，确认一下你头脑中有没有重大误解。

你知道，利润表应该展示一家公司指定期间（一个月、一个季度、一年）的利润。稍微动下脑子，就能得出结论：利润表展示的是公司在此期间收进多少钱、花出多少钱、剩下多少钱，"剩下"的钱就是公司的利润。这对吗？

哎，这不对。这样理解利润表和利润，是大错特错的，只有规模极小的公司才用这种方法算出利润数（这叫作"收付实现制"）。事实上，利润表计算的东西和收款、付款、剩余款截然不同，它计算的是销售收入、成本费用、净利润或叫净收益。

美国所有的利润表,第一行都是销售收入。当企业向客户交付产品或服务时,会计就说这是发生了一次销售,产生了销售收入。无论客户有无为这些产品或服务付钱,企业都会将销售金额列入当期利润表的第一行,记为销售收入。实际上企业可能根本没收到现金。当然,小杂货铺、小餐馆等使用收付实现制的企业,销售收入和现金流入是相当一致的。但是,大多数企业需要等待一个月甚至更久,才能收回销售款,而大型制造商比如飞机生产商,可能需要等待更久。(所以你看,要管理波音这样的大公司,就得备好大量随时可用的现金,在收回货款之前,用来支付工资、营运费用。本书第七部分会介绍"营运资金"概念,教你考察这种现象。)

配比原则

配比原则是编报利润表的一项基本原则。简言之,"在指定期间,如一个月、一个季度、一年之中,将对应的成本与收入相匹配,以计算出利润"。换句话说,会计的主要工作之一就是把销售收入的所有对应成本搞清楚并正确记账。

那么,利润表的"成本"项呢?同理,一家公司报表上的成本费用,也不一定就是在当期用现金支付的成本费用。利润表上的成本费用,是为形成当期销售收入而发生的成本费用。会计称之为配比原则——利润表所列期间的所有收入、成本必须互相配比,这是理解"利润如何形成"的关键要点。

配比原则是你需要稍加学习的一点会计知识。例如:

- 一家经营打印机、复印机用的油墨和墨粉的经销商,在6月买了一卡车墨盒,然后花几个月时间卖给客户,那么在6月,它不会把这些墨盒的买价记为成本,而是每卖一个墨盒就把一个墨盒的进价记为成本。这么做的原因就是它要遵循配比原则。

- 一家运输公司在1月买了一辆卡车，计划用3年，那么在1月的利润表里，它也不会把买卡车的钱列为成本。相反，卡车会在接下来的3年中提取折旧，每月在利润表的成本费用中列出买价的1/36（假定这家运输公司使用简单的直线折旧法）。为什么这么做？还是因为配比原则。在36个月中，卡车折旧费是每月利润表列示的收入相关费用之一。
- 配比原则甚至延伸到了税金科目。一家公司有可能每季度缴税一次，但会计在每月的利润表上，都要填进一个数字，表示按当月利润应交多少税金。
- 配比原则不仅适用于制造业公司，也适用于服务业公司。例如，一家咨询公司出售的是服务时间，按咨询师为每位客户服务的时间长度收费。咨询公司的会计需要把与服务时间对应的成本与之配比——比如营销费用、材料成本、研究成本等。

你看到了吧，我们讨论的远远不是收款付款那些事情了。另一张财务报表（现金流量表）专门记录现金流入流出，本书第四部分将做出介绍。你还可以看到，我们讨论的远远不是简单的直观事件。会计不能只计算美元收付总数，他们得决定什么成本匹配什么收入。他们必须做出会计假设和会计估计。在此类工作过程中，他们可能造成数据偏差。

企业编制利润表的目的

从原理角度讲，利润表的目的是试图衡量一家公司的产品或服务是否盈利，方法是把所有相关的成本费用加总起来和收入对比。会计人员尽力展现公司在既定期间的销售收入、为形成这些收入所耗费的成本（包括这段时间内的经营费用），以及利润（如果有利润的话）。这项工作可能有些偏差，但对几乎所有企业管理者而言，都是极为重要的。销售经理需要知道其团队的利润是什么样子，然后才能做出销售折扣、销售条款、目标客户等方面的决策。营销经理需要知道哪些产品是利润最大的，然后才能在营销活动中普遍强推。人力资源经理也应知道公司产品的盈利能力，这样才能在招聘新人时，紧紧围绕公司的战略重点。

随着时间推移，一家运行良好的公司，其利润表和现金流量表是互相跟进的。利润表上的利润，会转化为现金流量表上的现金。然而，正如我们在第3章所说，一家公司如果在某个时期内仅仅赚取了利润表上的利润，并不意味着它有现金去付账单。利润通常是一个估计数值，这意味着，你不能拿一个估计来的数字当钞票花。

消化完以上功课之后，我们来解读一下利润表。

Financial Intelligence | 第 6 章

破译利润表的密码

注意本章标题的用词"密码"。真不走运,利润表常常酷似需要破译的密码。

其中的原因不难解释。在这里,甚至本书后面的内容中,你都能见到这种酷酷的简化利润表样例(见表6-1)。

表 6-1 利润表样例　　　　　　　　　　(单位:美元)

项目	金额
产品销售收入	100
产品销售成本	50
毛利润	50
费用	30
税金	5
净利润	15

只要略微指点一下概念，一个聪明的小学四年级学生不用怎么帮忙就能把这张表算对，甚至连计算器都用不着。但是，看一下现实中的利润表，比如你自己公司的，或者其他公司年报里的利润表。如果是内部使用的详细报表，它就会是连篇累牍的数字，通常用极小的几乎看不清的字号印刷。即使是年报里的合并报表，也可能有不少项目超级难懂，比如"附属股权收益"（出自埃克森美孚公司财报），又如"购入无形资产摊销"（出自惠普公司财报）。这足以让任何非财务专业人士举手投降，也让不少财务专业人士困惑。

所以，请先忍耐一下，听我们讲一些解读利润表的简单步骤。提升财务智慧这件事就不该是一件倒胃口的事，先弄懂这些步骤，你就不会反胃啦。

怎样阅读一张利润表

在研读利润表里的数字之前，你要先了解这张报表的编报背景。

表名

表格的顶部，写的是"利润表"吗？真不一定。可能写成"盈亏报表""P&L""营业报表""经营报表""收益表""损益表"。所有这些术语指的都是同一张表。如果表名含有"合并"二字，你看的就很可能是一家集团公司的整体报表，它列示主要报表项目的合计，而不是明细科目数据。

利润表的这些别名，可能让人抓狂。我们的一家客户公司，在年报里把利润表叫作"收益表"，同时，该公司一大部门称之为"利润表"，另一大部门称之为"盈亏表"！同一张报表，却有这么多名字，有人可能会猜这是我们的财会朋友们不想让人知道这表格到底是怎么回事，或者，他们只是想当然地认为所有人都应该明白这些不同的名称都是指同一张表。在本书中，不管他们这些，我们只使用"利润表"一词。

顺便提一下，如果你看见表名是"资产负债表"或者"现金流量表"，那是你拿错了报表。利润表的表名必须是我们说的这些名称之一。

利润表计算的是什么

这张利润表是整个公司的利润表，还是一个部门的，或者是一个业务单元的利润表？甚或是某个地区的利润表？大型公司经常不只编报整个公司的利润表，还为不同的业务组织编报利润表，比如单店报表、单厂报表、各产品线报表等。H. 托马斯·约翰逊和罗伯特·卡普兰在其经典著作《管理会计兴衰史：相关性的遗失》一书中介绍了通用汽车公司如何在 20 世纪上半叶建立部门管理体系，方法就是为每个部门编制一份利润表。[1] 通用公司的成功经验令人欣喜。编制小业务单元的利润表，可以使大型公司管理者洞悉每一个微小业务单元的财务状况。请记住：为部门或者业务单元编制利润表，需要把多个部门、多个业务单元共用的成本费用，进行分摊或估算给每一部门或每一业务单元。

弄清了利润表是为哪个实体编制的，接下来要检查利润表是为哪个时间段编制的。一张利润表，就像学生的成绩单一样，总是对应某一段时间：一个月、一个季度、一年，或者年初至今。有些公司，每周编一次利润表。顺便说一句，大公司利润表中的数字经常是取整到千元、万元的，并且省略数字最后的多个"0"。因此你要记得在利润表顶部找一个小注释："货币单位：百万元"（这表示数字最后省略了 6 个 0）或者"货币单位：千元"（这表示数字最后省略了 3 个 0）。这看起来只是常识，的确，它真的只是常识，但这些貌似琐碎的细节经常被财务初学者忽略。

"实际数"和"预计数"

大多数利润表都是实际数,如果没有别的标注,你可以认为你看见的数字都是实际数,它们展示了在某个期间"实际"发生的收入、成本费用、利润。如果你看的是上市公司的利润表,你还可以认为它是根据 GAAP 编制的。如果你看的是非上市公司报表,你就要先提一个问题:这张表是不是根据 GAAP 编制的?(我们在"实际"这个词上加引号,是想要提醒你,任何利润表都有与生俱来的估计、假设以及偏差,本书将在后文详细讨论这些。)

展示预计数的利润表和非 GAAP 利润表,都是存在的。预计利润表的数据都是预测的。例如,你在为一项新业务制订计划,你就可以编出一到两年的预计利润表,换句话说,你可以写出你希望有多少销售收入,你预估有多少成本费用。这种预先估计数就是预计利润表。非 GAAP 利润表可以剔除非经常项目或一次性费用,也可以在使用 GAAP 规则时放宽要求(详见第 4 章)。例如,一家公司需要在某一年份把一笔巨额损失核销,这会导致当年利润表亏损。(本部分稍后介绍什么是核销。)于是这家公司在编制实际利润表的同时,也编制另一份利润表,来说明如无这笔销账,公司利润情况会是什么样。更具有迷惑性的是,许多公司曾将这些非 GAAP 利润表叫作预计利润表。如今,"预计利润表"这个词是专用于预测数据了。

预计利润表(展示预测数据的利润表)就是这样,它是对未来的有理有据的猜测。而非 GAAP 利润表则完全不同,它也反映了现实业务,但在解读它的时候必须多加小心。上市公司公告非 GAAP 利润表,表面上是为了让你将今年(若没核销那笔烂账)和去年(没核销烂账的年度)做对比,但是,有时传递的内涵信息是此类意思:"嘿,业绩才不是表面上那么烂呢，我们是做了点核销才亏的。"而事实是，核销的确核销了，公司亏钱也的确亏钱了。大多数时候，GAAP 报表和非 GAAP 报表你都想看，如果只让你看其中一份，那么看 GAAP 报表是更聪明的选择。怀疑主义者有时说，非 GAAP 利润表剔除了所有不利因素。这个说法不完全对，但有时候，真的很对。

怎么看数字

无论你看的是哪家公司的利润表，表中数据都可归为三大类。其一，销售收入，也可能被叫作"收入"，都一样，通常在表格的最上边。当人们说起"最上边一行的增长"时，意思就是：销售收入增长。成本费用在利润表的中间部分，利润在最后一行。（如果你看的是非营利组织利润表，"利润"可能被叫作"盈余/赤字"或"净收入"）。你往后读，还能遇到利润的其中项，比如毛利润，这些我们全在第 9 章予以解释。

你可以从利润表上看出一家公司什么是重要的，方法是看哪个数字和销售收入的比值最大。例如，销售收入的下一行数字往往是"产品销售成本"，在服务业，这行数字会是"服务成本"。偶尔，也能看到"收入之成本"。如果这项数字占收入比例很高，我敢打赌这家公司的高管会密切关注产品销售成本或服务成本。如果看的是你任职公司的利润表，你肯定要弄清与你工作相关的报表项目里究竟都包括了什么。例如，你是一位销售经理，那你就要了解"销售费用"中具体都包括什么。要知道，会计可是靠自己的判断对各种各样的费用进行分类的。

顺便说一句，你看利润表时一般可以忽略"购入无形资产摊销"这种项目，除非你是专业的财务人士。大多数类似难懂的项目都对利润没什么大的影响，如果影响较大的话，会在报表附注中加以说明的。

怎么比较数字

年报里的合并利润表，一般有3列数字，反映过去3年的利润情况。内部使用的利润表可能有更多列，你可能看见这样的：

实际占销售收入比（%）　预算占销售收入比（%）　差异（%）

或者这样的：

上期实际数　　　　　本期增减额（+/-）　　　增加率（%）

此类数据表可能很吓人，但是你不必畏惧它们。

在第一个表例中，"实际占销售收入比（%）"只是列示某种成本费用占收入比重的一种简单方法。收入是一个给定的固定数值，其他别的都要同它做比较。许多公司为利润表上的各个项目，设置了"占收比"目标，如果实际值和目标值差距太大，就要采取行动加以改善。例如，公司高管决定：销售费用占收比不能超过12%。如果这一指标悄然上升远超12%，那么销售部门最好小心为上。预算值和差异值也是一样的道理。（"差异值"指的是实际数和预算数相差多少。）如果实际数和预算数相差十万八千里（也就是"差异值很大"），肯定会有人要弄清原因何在。精通财务的管理者，总能辨别出实际数和预算数的差异值，并找出其产生原因。

在第二个表例中，表格只是把本期数据和上一季度、上一年度对比。有时，重点是和"上年同一季度"对比。同理，如果某项数字恶化很多，也是要有人弄清原因的。

简言之，阅读比较利润表的关键点就是，找出什么指标在变化，什么指标值是合理的，什么指标值不合理。

怎么看报表附注

内部利润表，有的有附注，有的没有。如果有附注的话，建议你仔仔细细阅读。会计认为所有人都应知之事，可能会写在内部利润表附注里。外部利润表，比如年报中的利润表，就有所不同了，它通常有许许多多附注，你可以大致看看：有些附注很有趣，有些不那么有趣。

外部利润表为何有这么多附注？这是会计准则的要求：凡是不易理解之处，会计人员都要解释数据是怎么计算出来的。因此，大部分附注犹如橱窗，展示数据是如何算出的。有些附注非常简洁，比如沃尔玛公司 2011 年 1 月 31 日的年度 10-K 表（就是 SEC 要求的年报）：

销售成本

销售成本包括：产品的实际成本，从供应商到公司仓库、商店、会员店的运费，从公司仓库到商店、会员店的运费，山姆会员店和进口配送中心的仓储成本。

但有些附注是又长又复杂，比如惠普公司 2010 年 10 月 31 日的年度 10-K 表附注：

根据在 2009 和 2010 财年采用的收入确认政策，当一项销售合同包括多个要素时，比如同时包括硬件和软件产品、授权许可、服务，惠普公司会把销售收入按分级定价原则分配给每个要素。应交付产品的售价依据卖方特定客观证据制定，如无卖方特定客观证据，则依据第三方证据，如这两者均无，则依据估计售价。在多要素销售合同中,并非偶然性地包括多个可交付软件产品,则该合同的销售收入要依据前述分级定价原则,按每个可交付产品的相对价格,分配给每个独立核算非软件可交付产品,以及视同一个整体的所有软件可交付产品。如果销售合同包含多个可交付软件产品,则先将多个软件视为整体分配价格,再使用修订后的软件收入确认指引,将价格分配至每个可交付软件产品。

这是本书第 7 章"收入确认"的内容之一。别误会,惠普公司解释其怎样解决收入确认问题是很重要的。财务艺术的关键因素之一就是决定何时确认收入。但你不要认定沃尔玛的报表附注永远简单、惠普的报表附注永远复杂。此处的例子只想说明,你在公司年报中的利润表里,能见到多么不同的附注。通过阅读附注,你会偶尔发现公司的有趣之处,所以,祝你玩得开心!(我们这是在说看报表附注很开心吗?)顺便说一句,如果你在附注中找不到你需要的解释,那么去询问 CFO,他应该知道答案。

最重要的原则是什么

以上皆是利润表阅读守则。但别忘了,无论何时,在你对一份利润表开动脑筋之前,首要的一个原则就是:

记住,利润表上很多数字反映了估计和假设。把交易事项放在这个项目还是那个项目,这是会计人员决定的。用这种方法做估计还是用那种方法做估计,也是会计人员决定的。

这就是财务艺术。如果你记住了这个要点，那我们可以向你保证，你的财务智慧已经超过很多管理者。

接下来我们深入了解一些利润表关键项目。如果你手头没有别的利润表，请参考本书附录中的表样。当然，刚开始的时候貌似复杂。但你很快就会对报表格式和术语习以为常，然后你就会发现，你已经开始明白利润表在讲述什么故事了。

| 第 7 章 | Financial Intelligence |

收入：要点在于如何确认

我们要从利润表第一行开始介绍了。我们曾说过，利润表第一行——销售收入，经常也叫"收入"。这真的挺好：一种事物有两个名字真的不算多，两个名字都常用，所以本书也同时混用这两个名称。需要注意的是，有些公司，也有很多人，把利润表第一行叫作"收益"。事实上，著名的记账软件 QuickBooks，就将其称作"收益"。大多数银行和金融机构也称之为"收益"。这真的容易搞混，因为"收益"更经常表示"利润"，这可是在利润表最后一行。（显然这两个词掐架严重，有没有管语言的警察来管管啊？）

当一家公司向客户交付产品或服务时，就可以记录或者确认销售收入。这个原则很简单。但正如本书所说，当将其付诸实践时，你会立即遇到很复杂的情况。事实上，何时确认销售收入乃是利润表更具艺术水平的一面。在这里,会计的主观判断能起极大作用,所以管理者要对此深入理解。你学到的财务本领,在此会有用武之地。如果事情貌似不妥,你要提出疑问,如果你的疑问没有得到满意答复,那么,事情就真的到了令人担心的地步。收入确认可是财务欺诈频发之处。

销售收入

销售收入,或称收入,是一家公司在某个期间内,向客户提供的产品、服务的货币总价。

收入确认的会计准则其实是模糊的

会计据以确认和记录销售收入的最重要的一条 GAAP 准则是:收入必须已经赚取。若是销售产品,则产品必须已经运达。若是提供服务,则服务必须已经完成。这些规则看似公平合理,但遇到如下情况,该怎么处理呢?

- 你的公司为大客户做系统集成。一个项目,通常要用 6 个月做完客户认可的方案,然后用 12 个月实施完毕。在所有工作做完之前,客户无法获取任何价值。那么,这个项目的收入你是在何时赚取的?
- 你的公司向零售店销售产品。通过一种"开票持有"协议,让客户在真正需要货物之前就购买。(比如,很流行的圣诞节用品。)你的公司先把这些产品放在仓库里,以后再运送给客户。那么,这项收入你是在何时赚取的?
- 你任职于一家建筑公司。公司为客户提供建设计划,处理与主管部门相关事宜，并管理新建和在建工程。公司因提供这些服务而收取服务费，服务费通常按建设成本的百分比收取。那么，公司是在何时赚取这些服务收入的？

由于不同公司的会计实务并不相同，所以我们不能为以上问题提供精准答案。但这正是问题的关键要点：没有固定的标准答案。为客户做项目的公司，通常有规则：在项目进展达到既定的里程碑时，确认部分收入。但规则都是可变的。一家公司的利润表第一行"销售收入"总是反映该公司会计对"何时应该确认收入"的判断。不过，哪里有判断，哪里就有对判断的反驳，甚至质疑其操纵会计数据。

操纵会计数据的可能性

实际上，导致公司操纵会计数据的压力很大。以软件公司为例，假设其在销售软件时约定提供5年维护和升级服务，这家软件公司必须判断，何时可以把这笔销售的收入确认入账。现在，假定这家公司是一家大型上市公司的事业部，上市公司要向华尔街提供盈利预测。上市公司管理者要让华尔街人士一直高兴。可是哎呀，本季度，上市公司的每股收益看起来要比预计值低那么一点点。倘若果真如此，华尔街会不高兴的。而华尔街一旦不高兴，公司的股票就会遭到重创。

哈哈（你不用想就知道上市公司管理者在想啥），这儿还有个软件事业部，我们改变其收入确认方法怎么样？如果我们在销售之初就确认75%的收入，而不是50%的收入，怎么样？这一改变的逻辑可以是：该项业务前期需做大量工作，因此公司应确认销售阶段的成本和对应收入，就跟确认提供产品与服务的成本和对应收入一样。做此改变（确认更多收入）之后，每股收益立即就被推高到华尔街预期值了。

每股收益

每股收益（EPS）等于公司净利润除以已发行股数。这是华尔街最密切关注的指标之一。华尔街对很多上市公司的每股收益有"期望值"，如果达不到这个期望值，公司的股价就可能下跌。

有趣的是，这样改变收入确认规则并不违法。在会计报表附注中，有可能对此做出解释，也可能不做解释。也许你在本书第6章注意到，惠普公司提及了2009年和2010年的收入确认政策。这是因为就在该附注同一章节的后文，该公司叙述了2008年的不同做法：

> 在2008财年……惠普按照每个产品的公允价值占比向其分配收入，按照卖方特定客观证据向软件产品分配收入。若已交付产品没有公允价值，则先按未交付产品的公允价值向其分配收入，再将剩余收入分配给已交付产品……

诸如此类的句子，还有好多。

正如本书第4章所说，任何对利润有重大影响的会计变更都必须以这种方式在会计报表附注中说明。但，是不是重大影响，由谁决定呢？你一猜就对：是由会计决定的。实际上，在销售之初确认75%的收入，可能更准确地反映软件事业部的真实情况。但是，这一会计方法的变更，究竟是基于专业的财务分析，还是为了满足盈利预测的需要呢？此处可藏有什么数据偏差吗？记住：会计这门艺术是使用有限数据尽可能准确地描述公司的经营业绩。利润表中的收入数是一个估计数，是一个猜出来的最接近事实的数。此例展现了会计估计是怎样导致数据偏差的。

需要关心财务数据偏差的不仅是投资者，经理人同样要关注偏差，因为这会影响他们的工作。假如你是一位销售经理，你和你的团队每月都关心销售收入数据，你依据收入数据管理团队成员，并和他们讨论其每月表现。你招聘、解聘下属，发奖金、发奖状，都是依靠这些数据。现在，你的公司和上文的软件公司一样，为了达成公司的某个目标，改变了收入确认方法。你的团队业绩瞬间显得超级优秀！每人都能拿到奖金！但是小心：如果还是按以前的方法确认收入，真正的收入数据可就没这么好看了。如果你不知道会计政策变了就开始发奖金，那么你奖励的并不是真实的进步。在这个案例中，具备财务智慧意味着能懂得收入是怎么确认的，能分析销售收入的真实增减，能根据业绩的真正增减决定发或者不发奖金。

顺便说一句：过去大多数财务造假都是收入造假，未来也很可能继续如此。许多公司的收入确认方式是有问题的，软件公司尤其如此。软件公司经常将其产品卖给经销商，经销商再卖给最终用户。在华尔街的压力下，软件制造商经常在财季末期，将未订货的软件发给经销商。（在实务中，这叫"塞货"。）不仅是软件公司如此。例如维特斯半导体公司，其高管在1996～2006年的系列行为被SEC在2010年指控，指控中说："精心策划的塞货方案，目的就是将发货产品不恰当地记为收入。"收到软件的经销商有"无条件退货的权利"，这些权利是通过"回签书信和口头协议"确定的。这一指控被维特斯半导体公司及其高管以和解告终，后来，该公司承认曾"使用主要与存货和收入确认相关的不当会计手段，并编制或篡改财务记录以掩盖这些手段"。随后，新的管理团队把这一切处理干净了。[1]

有家公司在这方面走的路子很正，那就是发明了Flash player播放器等产品的 Macromedia 公司。当塞货成为全行业的严重问题时，Macromedia 公司自愿公告了分销商持有存货的估计价值，以表明分销商的货物并非人为塞货造成。这一消息对股东和员工而言传达的信息很清楚：Macromedia 公司不会被拖下水干塞货这种事情。(Macromedia 公司后来被 Adobe 收购。)

你若再看见财务欺诈丑闻，先看一下是不是伪造收入数据的那种。很不走运：伪造收入这事实在太常见了。

备货和预订

撇开财务欺诈和操纵不说，收入代表了公司向客户提供的产品或服务的价值。但这并不是衡量公司销售业绩的唯一指标。在很多情况下，已经签约但尚未开始执行的订单、部分完工但尚未确认收入的项目，具有同等重要性。换句话说，这就是正在半路上的价值。公司将这些尚未确认的销售称为备货或者预订。

很多上市公司公告备货或预订数据，以帮助股东和分析师了解公司未来的情况。公司可能以各种各样的方式公布这些数据。例如，我们的一位客户公布的是销售合同的全部总价和每年总价。当然，随着新订单的签署、现有订单的修改或者取消、部分完工项目的工作进展，预订数据可能每天都发生变化。

有时，你需要提些问题，弄清备货或预订数据中的特别趋势是怎么回事。例如，备货大量增长，可能意味着销售大量增长，也可能意味着公司的生产出了什么问题，不得不多备货物以供销售。备货下降，可能意味着销售下降，也可能意味着生产能力增强了，所以无须储备大量货物以供销售。有一个指标可以帮你弄清到底是怎么回事，那就是，该公司预估在既定时期内，有多少备货会转化为销售收入。例如，一家公司可能说，现有备货的75%预计会在未来6个月内转化为销售收入。

递延收入

你购买机票时，即使你要在三个星期之后才用这张机票乘坐飞机，航空公司也会立即从你的信用卡里收钱。会计将此类钱款称为递延收入。

因为名字中含有"收入"，递延收入像是本章应讨论的内容。递延收入的确和收入有关——它在未来会转化为收入，但它本身并不属于收入。还记得GAAP规定的稳健原则吗？这一原则的一部分是：收入应该在已经赚取时确认，也只能在实际赚取时确认。递延收入是已然收款但尚未赚取的钱，所以它不能成为利润表上的收入。相反，会计将递延收入在资产负债表上列为负债，也就是公司欠别人的钱。在本例中，是航空公司欠你一张机票钱。本书第三部分将进一步讨论递延收入。

Financial Intelligence | 第 8 章 |

成本和费用：没有固定不变的规则

大多数经理人对费用都体验颇深。但是你知道各种费用里有多少估计和潜在的数据偏差吗？我们来分析一下利润表中的主要费用。

产品销售成本或服务成本

正如你可能知道的，利润表中的成本有两种。其中一种是产品销售成本，简写为COGS。和其他项目一样，它也有好几个不同的名字，比如在服务业公司里，它可能被称为服务成本（COS）。我们也经常看见它被叫作营业成本或者销售成本。为了简单起见，我们使用其缩写COGS或COS。无论怎样，它叫什么名字都不是重要的，包括什么内容才是重要的。COGS的内涵是衡量与制造产品或提供服务直接相关的所有成本，如材料成本、劳动成本。如果你怀疑这条规则有多种解释，那么，你还真是怀疑到点子上了。公司的会计部门必须决定COGS包括什么、不包括什么。

产品销售成本（COGS）或服务成本（COS）

产品销售成本或服务成本，是成本费用的一个种类。它包括所有为生产产品或提供劳务而发生的所有直接成本费用。

有些决定是简单的，例如在一家制造业公司，COGS肯定包括这几种：

- 生产线上工人的工资。
- 用来制造产品的材料的成本。

COGS肯定不包括的成本费用有：

- 会计部门的办公费用（打印纸等）。
- 公司总部人力资源部经理的薪水。

还有就是模棱两可的灰色地带，并且这个灰色地带还很大，例如：

- 制造业工厂经理的薪水算不算COGS？
- 工厂监工的工资算不算COGS？
- 销售佣金算不算COGS？

所有这些都与制造产品直接相关吗？或者，这些和人力资源经理的薪酬一样，都是间接费用？在服务业公司中，也一样有如此含混不清之处。服务业公司的 COS 通常包括为提供服务而发生的劳动力成本，但是团队主管的劳动算不算呢？你可以说，主管的薪酬是全公司共用管理费的一部分，所以不应包括在 COS 之中。你也可以说，主管是为直接服务的员工提供支撑服务的，所以他的薪酬应该包括在 COS 之中。这些都是要在实务中具体判断的，并无严格固定的规则。

坦白地说，此处连一点严格固定的规则都没有，真让人有点惊讶。GAAP 有好几千页，并阐明了很多详细规定。你可能会认为，GAAP 规定了"工厂经理的薪水不算 COGS"，或者"工厂监工的工资算 COGS"，但哪有这样的好事，GAAP 只给提供指导原则。公司采用这些指导原则，并结合公司特定情况，做出对自己有利的运用。正如会计常说的那样，关键在于合理性和一致性。只要公司的运用是合理的、一致的，那么无论公司怎么做，都是对的。

经理人为何要关注哪些能算 COGS（或 COS）、哪些不算，是基于以下情况：

- 你在一家建筑公司管理工程分析部门，过去，部门薪酬是包括在 COS 中的。现在有了变化：财务人员把所有这些薪酬都从 COS 中转出了。这完全是合理的——尽管你的部门为完成一项建筑设计做了很多事情，但也可以解释为这些事情与任何具体建筑设计工作没直接关系。所以，这个变化重要吗？当然重要，改变之后，你和你的团队不再是"线上项目"的一部分了，这意味着，你们在公司的地位和重要程度已经不同了。例如，你的公司关注毛利润，管理层就会仔细跟踪 COS，以确保凡是影响 COS 的部门，都能获得为达成既定目标所需的一切资源。一旦你们变成了"线下项目"，那么公司对你们的关注会显著降低。

- 你是一家工厂的经理，你每月需要赚 100 万美元毛利。这个月，你有 2 万美元缺口。这时，你发现你的 COGS 中有一项"工厂订单的合同管理费"是 2.5 万美元。这一项费用真的应该属于 COGS 吗？你请求会计将其转入经营费用，会计同意了，调账做完了。你们完成了目标任务，所有人都很开心。外人会看见并且相信毛利上升了，而这一切只是因为你要完成目标而做了调账。

线上项目、线下项目

"线"通常指的是毛利数。在利润表的"线"的上方，一般都是销售收入、COGS 或者 COS。在"线"的下方，是经营费用、利息、税金。两者有何不同呢？短期内，线上项目的变化幅度比很多线下项目的变化幅度要大，因此也获得更多关注。

再次强调，只要符合合理性和一致性原则，上述这些改变就都是合法的。你甚至可以在某个月份请求从 COGS 中减去一笔费用，下个月再把它加回来。你只需要一个充足的理由去说服会计，如果这个改变是重大的，还需要说服审计师，并且予以披露。当然，在不同会计期换用不同会计规则不是什么好事，我们所有人都需要会计规则保持一致。

经营费用：什么支出才是必不可少的

不放进 COGS 的成本费用去哪里了？"线下项目"在哪儿？这是成本费用的另一基本类别，叫作经营费用。有些公司的经营费用包括销售费用、日常费用和管理费用（SG&A 或 G&A），而另一些公司将 G&A 视为一类，并将销售费用、营销费用作为其中的项目。通常，公司会根据成本费用的相对规模大小，对其进行类别划分。微软公司就把销售费用和营销费用单独列示，因为这两种费用是公司开支的重要部分。与此相反，基因泰克公司则采用更为典型的方法，将销售费用和营销费用纳入G&A之中。这两家公司都把研发费用单独列示出来，是因为相比之下研发费用很重要。所以，你要注意你的公司是怎样处理这些费用的。

经营费用（再强调一次）

> 经营费用是企业的一种主要费用，它包括与制造产品、提供劳务不直接相关的支出。

经营费用经常被认为是指间接费用，包括租金、水电费、电话费、营销费。它还包括管理部门费用及其员工工资，比如人力资源部、财务部、IT部门等，再加上会计认为不属于COGS的其他一切费用。

你可以把经营费用看作企业的"胆固醇"。胆固醇分量合适的时候，令你健康强壮，不合适的时候，会阻塞你的动脉血管。经营费用花得合适，会使你的企业更加强大，若是花得不合适，不仅会连累公司利润，还会妨碍公司抓住商业机会。（过度花费经营费用的另一个称呼是"官僚主义的奢靡之风"，也叫"猪油"，你还能想到很多别的形容它的词。）

关于COGS和经营费用，还有一件值得说的事情。你可以将COGS视为可变成本——随产品产量而变化的成本，这样经营费用就可被视为固定成本。例如，材料就是可变成本：你要生产的产品越多，需要购买的材料就越多。COGS包括材料。经营费用包括人力资源部门的员工薪酬，这是固定成本。可是很遗憾，这里的事情也没那么简单。例如，如果车间主管的薪水是COGS，那么该项成本在短期内是固定的，无论你生产10万个零件还是15万个零件，它都是固定的。再比如销售费用，这一般是SG&A的组成部分。如果你的销售团队按销量拿薪酬，那么销售费用在某种程度上是可变的，但它仍然是经营费用，而不是COGS。

折旧和摊销的影响力有多大

经营费用中的另一部分，是折旧和摊销，它们通常隐藏在SG&A中。如何处理这些费用，对利润表中的利润数据影响很大。本书前文举过一个折旧的例子：购入一辆货运卡车，然后将买价在3年内摊销，这里的"3年"是我们假定的卡车使用寿命。我们说过，这么做是遵循配比原则。通常来说，折旧是卡车、机器这样的有形资产，在其预计使用年限内的费用化。所有这些都意味着，是会计人员计算资产可能使用多长时间，是会计人员计算资产总成本中应该有多少在利润表上列为费用。

以上描述颇为枯燥，但是却藏有财务艺术家可以运用的强大工具。此处值得细说，因为这能使你清晰了解折旧相关的假设如何影响利润表上的利润数据。

为简化叙述起见，假定我们设立了一家运输公司，并有了那么几个客户。第一个月，我们做了 10 000 美元的生意。我们发生了 5000 美元直接成本（司机的工资、油费等），以及 3000 美元的间接费用（租金、营销费用之类）。在那个月月初，我们的公司买了一辆 36 000 美元的卡车来送货。我们预计这辆卡车可以使用 3 年，因此我们每月提取的卡车折旧是 1000 美元（使用简单的直线折旧法）。

这样一来，我们就有一张极简单的利润表（见表 8-1）。

表 8-1　利润表　　　　　　　　　　　（单位：美元）

销售收入	10 000
销售成本	5 000
毛利润	5 000
费用	3 000
折旧	1 000
净利润	1 000

但是，我们的会计并非未卜先知的神人。他们不知道这辆卡车是不是正好能使用3年，说能用3年是他们做出的假设。他们还可能做出如下的不同假设：

- 假设这辆卡车只能用一年，在这种情况下，他们每月提取3000美元折旧。这样一来，公司每月少赚2000美元，从盈利1000美元变成了亏损1000美元。
- 假设这辆卡车可以用6年（72个月）。这种情况下，每月只提取500美元折旧，于是公司净利润一跃成为1500美元。

在前一种情况下，我们的经营突然陷入亏损，而在后一种情况下，我们的净利润增加了50%，这仅仅是因为改变了折旧假设。会计人员当然需要遵循GAAP，但是GAAP允许会计有充分的灵活性。无论会计遵循什么会计准则，只要某项资产的使用时间超过一个会计期间，就需要对该资产的使用时间长度做出估计。具备财务智慧的经理人，要了解这些估计，并知晓其对财务状况的影响。

如果你认为这纯粹只是个学术问题，那么，来看看著名的美国废物管理公司的案例。该公司曾是伟大的成功者，垃圾拖运行业的龙头。当这家公司宣布把税前利润总额一次性核减35.4亿美元的时候，所有人都感到震惊。有时，企业会在重组之前提取一笔一次性费用，此事将在本章后文讨论。但美国废物管理公司不是这样，它篡改账目的幅度之大，是人们难以想象的，事实上它承认的是：在过去几年中，它实际赚取的利润比公告的少了35.4亿美元。

这到底是发生什么事情了呢？美国废物管理公司早期是通过收购其他垃圾处理公司成长起来的。该公司成长迅速，是华尔街的宠儿。能被并购的垃圾处理公司逐渐减少之后，它转而并购其他行业的公司。它非常擅长垃圾拖运业务，却不擅长管理那些收购来的公司，于是它的利润下降，股价暴跌。高管不惜一切代价支撑股价，他们开始寻找能增加利润的捷径。

他们的目光首先瞄准了公司的两万辆垃圾车，平均每辆的买价是15万美元。那时，该公司是按行业内的标准做法，按8～10年的使用年限为这些垃圾车计提折旧。高管认为，这样的折旧年限太短了。一辆优质的卡车可以使用12年、13年，甚至14年。卡车的折旧期增加4年，利润表上的利润就会发生惊人变化，就如前文运输公司的案例那样，利润成倍增长。但是高管并没有就此知足止步，他们还想对其他资产做同样处理，比如150万个垃圾箱。每个垃圾箱的标准折旧年限是12年，他们可以将其延长到15年、18年，甚至20年，这样就能每年白白增加一大笔利润。美国废物管理公司的高管，就是这样对垃圾车和垃圾箱的折旧数据做了手脚，从而将税前利润总额提高了7.16亿美元。这只是他们虚增利润的伎俩之一，该公司就是使用类似伎俩伪造了巨额利润。

当然，谜团最终都会被破解，欺诈最终都被曝光了。可是此时，已经来不及拯救这家公司了，它被卖给一家竞争对手，除了名称得以保留，别的全部都没剩下。而做出欺诈恶行的凶手们，仅受到民事处罚，并没被提起刑事指控。

折旧，是会计称为"非付现费用"的典型例子。此事经常把非会计人士弄晕：一项费用，如果不付现金，那付什么？这令人迷惑的术语，其关键点在于：现金可能早已支付了。公司早已购买了卡车，但并不在购买当月记录为成本费用，而是在卡车的使用寿命内摊销记录，每次记录一部分成本费用。每月将折旧记为成本费用时，不用再付现金，只是会计计算出本月的销售收入源于那辆卡车，所以利润表中最好有列出反映卡车成本的数据。顺便说一句，你应该知道，其实有很多方法来确定一件资产应当怎样计提折旧。你不需要知道具体方法都是什么，这让会计人员去做即可；你只需知道，资产的消耗是否与其带来的收入匹配恰当。

非付现费用

> 非付现费用是指在某一段时期的利润表中计入费用但不支付现金的费用。例如折旧：会计每月都将设备价款的一部分作为折旧列入费用，但公司并不需要支付这一部分的现金，因为该设备在以前期间已经购买并付款了。

摊销，与折旧原理相同，但它是用于无形资产的。如今，资产负债表上经常有一大块是无形资产。专利、版权、商誉（本书第11章有解释）都是资产，是企业花钱买来的，本身具有价值，但它们并不是房产、机器设备那样的实物资产。但它们也要以相似的方式进行核算。比如专利，你的公司需要购买专利，或者进行研究、开发然后申请专利。现在，专利能为企业带来收入。因此，公司必须将专利费用与其带来的收入相配比，每次拿一点专利费去配比收入。当一项资产是无形资产时，会计将此处理称为摊销而不是折旧。我们不知为什么如此称呼，但无论原因是什么，这都是引起混淆的根源。

顺便说一句，折旧，在经济学意义上，意味着随着时间的推移，资产的价值逐渐降低。事实的确如此：一辆运货卡车，旧了就不值钱了。但是会计角度的折旧和摊销，更多是记录成本分配而非记录价值丧失。例如，一辆卡车按 3 年折旧，在第 3 年年末，其会计账面价值就是 0 了，但此时，它在市场上还可能是值钱的。一项专利可以在其使用寿命内摊销，但是如果科技的进步使其变得落伍，那么它的价值没几年就近乎等于 0，无论它在会计账面价值多少。因此，罕见有资产的实际价值等于其账面价值。（我们将在第三部分细致讨论会计价值或"账面价值"。）

一次性支出：黄色警报

至少在一个方面，会计与居家生活颇为相似：太多东西没有好好分类收纳。所以，每个公司的利润表都有一大堆项目，既不属于 COGS，也不属于经营费用。利润表都是不一样的，但你一般都会看到"其他收入""其他支出"（这些通常是出售资产的收入、与企业日常经营无关的交易的收入），以及"税金"。其中的大部分你都不用关心。但是，有一个项目经常在 COGS 和经营费用之后出现，有时也包含在经营费用之中，你应将其了解清楚，因为通常而言它对企业的盈利能力极其重要。该项目最常见的名字是"一次性支出"。

你可能偶尔在《华尔街日报》上看见"洗大澡"或者类似的词语，这是指一次性支出，也被称为非经常损益、核销、注销或者重组费用。有时，企业会发生核销，比如美国废物管理公司，这是当一家公司做错了账要改正账目时做的。更常见的是，一位 CEO 新接手一家公司，想要重组、改组、关厂、裁员时，会发生"一次性支出"。这种方法无论对错，都是 CEO 衡量公司需求之后做出的改善经营的行动。（有时，这也是在努力将业绩不佳的原因甩锅给前任 CEO，从而为自己任期的业绩优化赢得赞誉。）这样的重组，通常需要大笔开支——比如付清租金、付清解雇遣散费、处理设备、出售机器，等等。GAAP 要求会计在知晓费用发生时就予以记账，即便只能按估计数字记账。因此，当企业发生重组时，会计需要估计重组费用是多少，并且将其记账。

这是一种黄色警报：此处很可能出现巨大的数字偏差。可是，到底应该怎样估计重组成本呢？会计在这里会自行判断，但他们很可能判断得过多或者过少。如果他们估计得过高，则实际发生的费用会低于预期，那么预估的"一次性支出"会被"转回"。一次性支出的转回，会增加新的会计期间的利润，所以这一新期间的利润数字就会飞涨从而高于实际利润，而这一切都是因为前期的估计不准造成的！据说，臭名远扬的日光公司 CEO 邓拉普，有"电锯杀人狂艾尔"的绰号，他把会计部门当作利润制造中心，或许正是由于这个原因。（顺便说一句，如果你听到一位公司高管称会计部门为利润中心，那么你的公司就是有问题的。）

当然，重组费用也可能被低估了。这种情况下，就得在后来的期间增加记录费用。这就会搅浑后来期间的数据，因为在新的期间之内，该项加记的费用不和任何收入匹配。在这种情况下，账面利润比实际利润要低，还是因为会计在前期的估计不准造成的。若干年前，美国电话电报公司似乎在很长时间内持续频繁提取"一次性支出"，该公司一直声称，若不扣除这些重组费用，则公司利润是持续增长的——但这其实没什么太大不同，因为在扣除这些重组费用之后，该公司的财务状况是相当的糟糕。

另外，如果一家公司连续几年都要提取"非经常"的一次性费用，那么，这些费用还算是"非经常"项目吗？美国证券交易委员会前首席会计师沃尔特·舒茨（Walter Schuetze）曾说，这样列示费用的效果是："诱骗投资者认为公司业绩比披露数据优秀。"[1]

如何跟进异常费用：取决于是谁在跟进

这一节内容与财务欺诈无关，甚至与优化按规则编制的财报也无关。本节讲述的是谁在看财务数据，财务数据有什么用途。大多数公司至少通过两种方式跟进费用，有些公司使用两种以上方式跟进，目的都是遵守规则、利用财务数据管理公司业务。

为何会如此呢？一方面，GAAP 指引对于如何在利润表上列示费用有所说明。科目名称、科目包括的内容，都是基于一致性、稳健性、匹配性，以及 GAAP 的其他原则和指引。然后，公司在 GAAP 指引范围之内，自行决定如何在它们公告的利润表上列示成本费用。例如，可口可乐公司在其公告的利润表上列出了如下费用：

- 产品销售成本。
- 销售费用、日常管理费用、行政管理费用。
- 其他经营费用。
- 利息支出。
- 所得税。

这样列示很好很正确，但是真能帮助一位经理人管好他的部门吗？我们拿不到可口可乐公司的内部利润表，但我们认为很多经理人（包括母公司和最小业务单元）都需要了解的几种费用是：

- 用于制造饮料的原料，按饮料区分。

- 与交付产品有关的成本，明细到足以对这些成本进行管控。
- 管理部门的成本，比如会计、人力资源、IT 等部门。
- 按产品、广告活动等细分的销售成本和营销成本。

最后，一些公司提供了它们向政府提供的纳税申报表上的数据，这些数据可能是对经理人最没用的数据。纳税申报表遵循税法，而税法和 GAAP 是不一样的。纳税申报表可能是由税务会计编制的，税务会计是这门专业的一个分支。所以纳税申报表和常规财务报表不同。这不是假报表，这只是在以不同视角看同一事实。

| 第 9 章 | Financial Intelligence

利润的各种形式

至此，本书已经讲解了收入、销售收入（利润表的第一行），以及成本费用。收入减去成本费用等于利润。

当然，收入减去成本费用也可能等于收益、净收益，甚至毛利。惊人的是，有的公司把这些术语都用上了，有时就在同一份文件中同时使用。一份利润表中，可能包括如下项目："毛利润""营业利润""净利润"，以及"每股收益"。所有这些，都是利润表中常见的利润种类，而企业可能很随意地就将其称为"毛利""营业收益""净利""每股利润"。当企业在利润表中使用不同词语的时候，看起来似乎在提及不同的概念，但事实并非如此，他们说的是同一个概念。

所以，本书统一使用"利润"这个词语。来看看它的各种不同形式。

毛利润：多少才够

毛利润等于收入减去产品销售成本或服务成本，它是大多数公司的关键指标，表明公司产品或服务的基本盈利能力。如果你公司的那部分业务不能盈利，则公司可能撑不了多久。毕竟，如果没有健康的毛利润，怎样才能支付诸如管理层薪酬等"线下费用"呢？

> **利　　润**
>
> 利润是收入减去成本费用之后的差额。利润的基本形式有三种：毛利润、营业利润、净利润。每一种，都是从收入中减去特定成本费用项目之后的差额。

但什么叫"健康"的毛利润呢？有多少毛利润才算足够呢？每个行业都不一样，甚至同行业中的每个公司都不一样。零售行业的毛利润很低，只占销售收入的很小比例；而珠宝行业的毛利润，通常会占收入的很大部分。在其他条件相同的情况下，如果毛利占收比都同样低，则收入规模大的公司比收入规模小的公司更容易生存发展。（这就是沃尔玛的售价如此之低的原因之一。）衡量公司毛利润，你可以将其与行业标准对比，尤其要和同行业中规模相似的公司对比。你还需要关注年度趋势，看看你公司的毛利润是上升趋势还是下降趋势。如果是在下降，你应该探究原因：到底是生产成本上升了，还是收入下降了。搞清毛利润变化的原因，有助于经理人明白应该把注意力放在哪里。

顺便说一句，虽然大多数利润表按我们说的格式列示，但是也有一小部分（数量相当不少）利润表把产品销售成本或服务成本放在经营费用项目中。这种利润表根本就不列出毛利润。微软公司采用的就是这种格式。这里有什么经验教训呢？请密切关注利润表上各项目，使用你自己的财务智慧去评判该公司是如何管理其成本费用的，以及你应该如何评价其利润水平。

毛利润

毛利润等于销售收入减去产品销售成本或服务成本。它是公司支付产品制造成本和服务成本之后剩下的那部分。毛利润必须足以支付企业的经营费用、税金、财务费用，并且留出净利润。

然而在这里，你同样要睁大眼睛，注意这些数字是否存在偏差。何时确认收入，产品销售成本包括什么内容，这些都会对毛利润有很大影响。假设你是一家市场调查公司的人力资源总监，你发现公司毛利润正在下降。你开始研究财务数据，一开始看起来是服务成本上升了。于是你和你的团队开始策划削减服务成本，甚至准备裁员。但是当你继续深入研究数据后，你发现是以前列入经营费用的薪酬现在被列入了服务成本。因此，服务成本并没有上升，裁员是错误的。现在你必须和会计人员沟通，问他们为什么要把薪酬挪到服务成本中去，为什么没告诉你就这样做了。如果这些薪酬必须放在服务成本里，那么公司的毛利润目标必须降低，此外，不需要策划改变别的事情了。

营业利润：评价企业健康程度的关键指标

营业利润等于毛利润减去经营费用或 SG&A（其中包括折旧和摊销），也被缩写为 EBIT。EBIT 表示息税前收益。（记住，收益是利润的另一个名称。)在这里,利息和税金尚未从收入中扣减。为何不扣减呢?因为营业利润是企业从其业务或从其经营中赚到的利润,而税金和你把企业经营得多好并无关系。利息支出,取决于公司是以股权还是债务融资。(本书第12章将解释这两者有何不同。)但是从经营的角度看,财务结构并不能说明企业经营的好坏。

营业利润或EBIT

营业利润等于毛利润减去经营费用(包括折旧和摊销),换句话说,它包括企业从经营业务之中获得的利润。

所以,营业利润或者EBIT,是衡量企业管理水平的一个不错的指标。股东密切关注这个指标,是因为它体现了企业的产品或服务的市场需求情况(即销售收入),也体现了企业提供这些产品或服务的效率(即销售成本)。银行和投资者关心营业利润,是关注企业有没有偿还贷款的能力、有没有为股东赚钱的能力。供应商关心营业利润,是关注企业有没有支付货款的能力。(但是我们后面将说到,营业利润并非最好的衡量指标。)大客户检查营业利润,是为了确认企业的工作是否富有效率,以及是否将一直富有效率。甚至,精明的员工也会关注营业利润,因为健康成长的营业利润表示员工可以保住自己的工作,并且可能有机会晋升。

但是,请记住,数据中的偏差同样也会影响营业利润。存在"一次性支出"吗?用什么方法计提折旧?正如我们已知,企业可以改变折旧方法,从而做多或者做少利润。曾几何时,华尔街分析师很关注营业利润或者EBIT。但是有些日后爆出欺诈的公司在折旧方法上大耍花招(比如美国废物管理公司),因此它们的EBIT数据非常值得怀疑。很快,华尔街开始关注另一个指标:EBITDA,或者叫作息税折旧摊销前收益。有些人认为，EBITDA 是衡量公司经营效率的更好的指标，因为它不考虑折旧等非现金成本费用。（最近，另一个指标自由现金流成为华尔街的新宠，你会在本书第四部分后附的工具箱里学到它。）

净利润及其操纵术

现在，我们回来看看利润表底部的净利润。它通常在利润表最后一行。净利润是收入减去所有费用后剩下的东西——要减去产品销售成本或服务成本、经营费用、一次性支出、折旧和摊销等非现金费用、利息和税金。当有人问及"最后一行怎么样"的时候，几乎总是在问净利润。用以衡量公司的关键指标，比如每股收益、市盈率，都是用净利润计算出来的。很奇怪，人们不将其称为每股利润、市利率，真的不这么称呼。

净利润

净利润是利润表最后一行的数字，它是收入减去所有成本费用之后剩下的。它等于营业利润减去利息费用、税金、一次性支出以及其他不应包括在营业利润之中的费用。

如果一家公司的净利润低于预期值怎么办？这会是一个大问题，当高管的奖金和利润目标挂钩时更是如此。有时，有人企图绕过会计规则去优化利润。例如房利美，这家有政府背景的在美国抵押贷款市场扮演重要角色的公司，被指控在 1998～2004 年的 6 年内，进行了"广泛的财务欺诈"。财务欺诈的目的是让其利润貌似达成既定目标，从而使其高管获得价值百万美元的巨额激励报酬。[1]

除了胡乱篡改账簿之外，只可能有三种办法解决企业利润过低的问题。其一，增加企业的销售收入。这个解决方案几乎总是需要大量时间。你得找到新的市场或新的潜在客户，经过销售周期，等等。其二，设法降低生产成本并提高生产效率——就是，削减产品销售成本。这同样需要时间：你得研究生产过程，找到低效之处，并加以改变。其三，削减经营费用，这经常就意味着要裁员。这通常是唯一能在短期内见效的方案。这就是为什么那么多 CEO 接管业绩糟糕的公司之后就要削减工资和日常开支：这能优化利润，并且速度很快。

当然，裁员可能产生相反后果：公司士气低落，新 CEO 想留下的好人可能开始去别处找工作了。并且，这还不是唯一的风险。例如，邓拉普曾多次裁员以提高他接管公司的利润，然后获得华尔街的回报。但是他加入日光公司后，裁员战略没有起作用。他的确裁员了，利润也的确上升了，华尔街对这家盈利能力上升的公司很是狂热，大肆买入其股票。但是邓拉普的策略一直都是为了高价卖掉公司，而现在，股票溢价过高，对于潜在买家而言，这家公司太贵了。没有了买家，日光公司只能艰难度日，直到问题暴露，邓拉普被董事会赶出公司。

那么什么是正派的解决方法呢？对大多数公司来说，最好是做长远打算，专注于增加能赚钱的销售收入并降低成本。当然，经营费用也是必须削减的，可是倘若你只想靠削减经营费用来改善利润，那么你很可能只救一时之急，财务噩梦的到来只是被稍微推迟而已。

边际贡献：换个角度看利润

至此，我们已经介绍了三种不同的利润形式——毛利润、营业利润、净利润。它们反映了这样一个事实：利润表的组织顺序是从收入开始，减去产品销售成本或服务成本得到毛利润,再减去经营费用得到营业利润,再减去税金、利息等得到净利润。然而,如果你用不同的方法对成本费用进行分类,你就会得到衡量利润的不同方法,也许你还能对你公司的管理水平了解更多。来看看一种特殊的利润形式:边际贡献。

边际贡献

边际贡献指卖出产品或服务所赚取的利益,不考虑公司的固定成本。计算边际贡献,只需从收入中减去可变成本。

边际贡献等于销售收入减去可变成本。它展现的是,如不考虑固定成本,公司销售货物所赚取的利润。想想我们在第8章讲的:可变成本和产品销售成本、服务成本都不是一回事。因此,边际贡献和毛利润不同。

用于分析边际贡献的利润表如表 9-1 所示。

表 9-1 边际贡献分析利润表

收入
可变成本
边际贡献
固定成本
营业利润
利息、税金
净利润(或净亏损)

边际贡献就是用收入扣除可变成本之后,用于支付固定成本并为公司提供利润的总金额。实际上,它展示的是,公司需要生产销售多少产品,才能覆盖固定成本。

边际贡献也有助于经理人比较产品,决定增加还是减少生产线,决定怎样给产品或服务定价,甚至怎样安排销售佣金。例如,一家公司的一条产品线,按传统方法计算的利润是负数,但是其边际贡献是正数,则公司很可能就会把这条产品线继续经营下去,因为它产生的边际贡献有助于支付固定成本。然而,如果它的边际贡献是负数,就表示公司每生产一个产品都在赔钱,即便提高产量也无法赚钱,因此公司就得减少产品线,或者提高产品售价。

汇率对盈利能力的影响

有时,善于经营的经理人无法控制影响利润的因素,比如汇率。在全球化的经济中,汇率带来的损益对很多公司的影响越来越大。汇率就是一种货币对另一种货币的价格。例如,一位美国人在 2011 年秋季去中国香港,可以用 1 美元换到 7.8 元港币。换句话说,这 7.8 元港币的价格是 1 美元。但是,汇率随时都有很大变化。这种汇率的波动,取决于贸易流、政府预算、相对利率,以及其他很多变量。

当一个国家或地区的公司在另一个国家或地区做业务时,其盈利能力会受到汇率波动的影响。最简单的情况,假设一家美国制造商在中国香港地区销售了 78 万港元,或者说大约 10 万美元(2011 年年末)。然后假设美元对港元贬值,买 7.8 港元需要超过 1 美元的钱。假设新的汇率是 1 美元兑换 6.8 港元。于是美国制造商收到 78 万港元,这些钱现在值 11.470 6 万美元。如果其他条件不变,销售利润率就比过去高了 14.7%。制造商可以把这个差价收入囊中,还可以降低价格增加销量。当然,如果美元对港币升值,情况就相反了。这种情况下,从中国香港地区采购的人和公司会赚钱,而向中国香港地区销售的人和公司会亏钱。

当然，许多公司的海外业务极其复杂。它们在国内生产一部分产品，同时也在国外生产一部分产品。它们的货物运输是双向的，从一个国家运到另一个国家。每一笔跨国交易都有一定的汇率风险，如果汇率波动方向与预判相反，则交易的利润将低于预期。

尽管业务部门的经理人对汇率没什么办法，财务人士却可以采取实际行动，保护公司免受汇率波动的危害。例如，他们可以购买金融工具，预定未来买卖货币的价格，从而锁定汇率。金融圈都知道，这种对冲有助于防范汇率的意外变化。当然，做对冲需要花钱，并且做对冲也不是总能完美解决问题。因此，一家公司虽可减少汇率对盈利能力的影响，却罕见可以将汇率的影响完全消除。

工具箱

理解"偏差"值

偏差，仅仅意味着不同。它可能是年度和月度的预算值与实际值的不同，也可能是这个月和上个月的实际值的不同，等等。它可以用美元表示，也可以用百分比表示，还可以同时用这两者表示。通常，百分比更为常用，因为它提供了两个数字之间的简单快捷的比较方式。

当你阅读一份财报时，唯一的难点是，判断某项偏差是有利的还是不利的。例如，收入高于预期，这个偏差是有利的；而费用高于预期，这个偏差就是不利的。有时，财务人员会提供这方面的帮助，在财报附注里，不利的偏差会被放在括号里，或者以负号开头，但通常你得自己弄清这件事。我们建议你先做点计算，弄清标出的偏差是好的还是坏的，然后对照检查它们是怎么列示的。一定要把收入和成本费用项目都算一下。有时，括号或者负号，仅仅表示数学上的多少的差异，而不是表示有利或不利的差异。在这种情况下，收入项目的括号可能表示有利，而成本费用项目的括号可能表示不利。

非营利组织的利润

非营利组织使用和营利公司一样的财务报表，它们也有利润表。和营利公司一样，利润表也有表示收入和成本之差的底部项目。有时，底部项目的名称不同，但意义仍然是盈利或者亏损。事实上，非营利组织也需要有利润。如果花的钱比收的钱多，它怎么能长期生存呢？它必须有结余才能有未来。唯一区别就是，非营利组织不用向其所有者分红，因为它没有所有者。当然，它也不用缴税。我们经常将非营利组织称为"无税组织"，就是在说它们的这个特点。

多年来，有几家非营利组织聘请我们公司为其员工培训财务。为什么非营利组织要聘我们教财务呢？最常见的是，这些组织没有赚到足以维持其生存的钱，所以管理层希望提高每个人的财务智慧。在这种情况下，财务智慧于它们而言和处于营利的商业世界中的其他公司一样重要。

快速复习："百分比"和"变动百分比"

分析利润表的两个常用方法是计算"百分比"和"变动百分比"。所有人都在学校学过怎么计算它们，但是也可能有人已经忘记了。所以如果需要重拾记忆，请快速复习一下。

"百分比"就是计算一个数字占另一个数字的百分之多少。例如，上一个年度你花了 6 万美元买材料，当年收入是 50 万美元，你想知道材料占收入的百分之多少，计算公式如下：

$$\frac{60\,000}{500\,000} = 0.12 = 12\%$$

变动百分比，是指某项指标从一个时期到另一个时期的变化，或者从预算值到实际值的变化。年度间变动百分比计算公式如下：

$$\frac{本年数 - 上年数}{上年数}$$

例如，上年的收入是 30 万美元，本年的收入是 37.5 万美元，那么变动百分比就是：

$$\frac{375\,000 - 300\,000}{300\,000} = \frac{75\,000}{300\,000} = 0.25 = 25\%$$

第 三 部 分

资产负债表揭示了什么

Financial Intelligence

| 第 10 章 | Financial Intelligence

学习资产负债表的基础知识

也许你已经注意到了,财务报表存在一种很令人迷惑的情况。把公司的财报交给经验丰富的业务经理,他首先要看的是利润表。大多数经理人承担着或者渴望承担"盈利责任"。他们负责让各种形式的利润都达到目标。他们知道,利润表是记录最终业绩的,所以他们要先看利润表。

现在把同一份财报交给一位银行人士、一位经验丰富的华尔街投资人士,或者一位资深董事。这些人首先要看的却一定是资产负债表。事实上,他们可能对这份财报钻研多时,一开始他们翻来翻去,检查利润表和现金流量表,但最后都会回到资产负债表。

为什么经理人的做法和专业人士的做法不一样呢?为什么他们的注意力仅限于利润表呢?我们总结出三个原因:

- 其一，和利润表相比，资产负债表更容易让人找不到重点。毕竟，利润表是相当直观的。而资产负债表并不直观，至少在你弄懂其基础知识之前它不是直观的。
- 其二，大多数公司的预算编制重点都是收入和成本费用。换句话说，预算项目在某种程度上和利润表是一致的。如果不懂预算，你就不可能成为一位经理人——这意味着，你这位已经成为经理的人，自然而然对利润表上的很多项目已经相当熟悉了。相比之下，一位业务经理的预算编制过程中很少出现资产负债表数据（虽然财务部门肯定会编制资产负债表预算）。
- 其三，比起管理利润表，需要更懂财务才能管理资产负债表，不仅要知道不同的报表科目指的都是什么，还要知道它们是如何组合在一起的，还要知道资产负债表的变化如何影响其他财务报表，以及其他财务报表如何影响资产负债表。

我们猜，你对资产负债表也有点谨慎，但是请记好，本书的重点是财务智慧——了解如何衡量财务成果，以及你作为一名经理人、一名员工、一名领导可以做什么事情来改善财务成果。我们不会研究资产负债表的深奥内容，只研究一些能让你欣赏这张报表的会计艺术，以及能让你对该报表进行分析的那些要素。

展示企业目前的状况

那么，资产负债表是什么呢？它是反映在某一时点，一家企业有什么、欠什么的表格。企业拥有的和所欠的之间的差额就是所有者权益。

提升盈利能力是企业的目标，同样，增加所有者权益是企业的另一个目标。巧了，这两者的关系非常紧密。

这种关系具体是什么样子呢？打个比方：盈利能力就像你在大学里上一门课得到的分数。你花了一学期时间，写论文、参加考试，在学期末，老师根据你的表现，给你一个 A- 或者 C+，或者别的分数。所有者权益更像你的平均学分绩点，你的绩点总是会反映你所有的学习表现，但只反映在某个特定日期的累积数，你所有学科的分数都会影响这个绩点，但都不能决定它。利润表对资产负债表的影响，很像一次课程成绩对绩点的影响。企业在一个时期内是盈利的，它的资产负债表上的所有者权益就会增加；如果是亏损的，所有者权益就会减少。随着时间的推移，公司业务的盈利或亏损会累积显示在资产负债表的所有者权益部分，称为留存收益或累积收益。如果公司一直都是亏损的，资产负债表的这部分就会出现一个负数，叫作累计亏损。

所有者权益

根据会计准则，所有者权益是股东在公司中的"股份"。它也叫公司的账面价值。有句会计术语：资产减负债总是等于所有者权益。它也等于股东投入所有股本的总和，加上公司成立以来赚取的利润，减去向股东的分红。不管别的，会计公式就是这个样子。记住：一个公司的实际价值，其实是意向买方肯支付的买价。

在这里，理解资产负债表，意味着理解其会计假设、会计方法的选择以及其会计估计。和利润表一样，资产负债表在很多方面都是艺术，而不仅仅是计算数字。

个人和企业

鉴于资产负债表如此重要,我们先从简单的开始学吧。先学爬行再学走路,顺序很重要。

首先,考虑某个人的财务状况或者叫净资产状况,且考虑的是某个特定时点的。你把这个人拥有的财产加总,减去他欠的债务,就得到他的净资产:

$$拥有的财产 - 欠的债务 = 净资产$$

这件事情的另一种表达式是:

$$拥有的财产 = 欠的债务 + 净资产$$

对于个人而言,其拥有财产的类别可能包括银行存款、房产和汽车等高价物品,以及别的可以让个人拥有的财产,还可能包括股票、债券、退休金账户等金融资产。"欠的债务"包括抵押贷款、汽车贷款、信用卡借款以及其他债务。请注意,我们在此回避了一个如何计算得出这些财产、债务是多少钱的问题。房产价值多少,是指主人曾经付了多少钱还是今天能卖多少钱?汽车和电视机值多少钱?财务的艺术特性在此有所显现,但一会就要显现更多。

现在,我们把某个人换为某个企业。概念是相同的,只是用词有变:

- 企业拥有的财产,叫作资产。
- 企业欠的债务,叫作负债。
- 企业的净资产,叫作所有者权益或者股东权益。

前述的基本公式变成这样:

$$资产 - 负债 = 所有者权益$$

或者：

$$资产 = 负债 + 所有者权益$$

第二个公式，你可能在多年前的会计培训课上学过。这是资产负债表的基本公式，你的老师可能称之为会计基本等式。你还学过，它反映了资产负债表的左右两侧：左侧是资产，右侧是负债和所有者权益。一侧的金额之和必须等于另一侧的金额之和，也就是说资产负债表必须是平衡的。本书这一部分会告诉你为什么是这样。

如何阅读一张资产负债表

第一步，找一张资产负债表，可以是你自己公司的，也可以是上市公司年报中的，或者去看本书附录中的样表也行。由于资产负债表展示的是公司某一特定时点的财务状况，所以在表格顶部会有一个特定的日期，通常是月末、季度末、年度末或者财年末的最后一天。当你看的是一整套财报时，你通常看到的是一个月、一个季度或者一年的利润表，以及这些报告期末日的资产负债表。与利润表不同，资产负债表几乎总是整个公司的报表。有时候，大型公司会为其业务部门编制分支机构资产负债表，但是几乎没有谁为单台设备编制资产负债表。我们将介绍，资产负债表中也有会计人员做的估计，这一点和利润表一样。记不记得在第 8 章，我们讨论折旧费用时提及的运输公司？卡车的折旧方法不仅影响利润表，还影响资产负债表上的资产价值。事实证明，利润表的大多数会计估计和数据偏差，都以某种方式进入了资产负债表。

资产负债表有两种典型的格式。传统格式是，把资产放在表格左边，负债和所有者权益放在表格右边，负债在上，所有者权益在下。非传统格式是，把资产放在上方，负债放在中部，所有者权益放在底部。无论哪种格式，表格都必须是"平衡"的：资产必须等于负债加所有者权益。（在非营利机构，因为没有股东，所有者权益有时被称为"净资产"。）通常情况下，资产负债表会列示比较数据，即本年12月31日以及上一年度12月31日的数据。看看表格的列标题，就知道是哪个时间和哪个时间的数据在做比较。

财　年

　　财年是指会计意义上的一个年度，可以是任意的12个月。很多公司使用日历年度，但有些公司使用其他的期间，例如从10月1日到次年9月30日。一些零售商使用特定的周末，比如一年的最后一个星期天，作为财年的结束日。你必须知道企业的财年起止日期，这样才能确定你看见的财务信息是哪一段时间的。

　　和利润表一样，有些机构的资产负债表中包括一些不常见的项目，本书对此不予讨论。记住，有许多此类项目是在会计报表附注中有所说明的。事实上，资产负债表的附注之多，早已恶名远扬。例如，可口可乐公司的2010年报有61页附注，其中许多是针对资产负债表的附注。公司的财报附注中经常包括一份标准格式的免责声明，说的就是本书指出的财务艺术。例如，可口可乐公司是这么说的：

　　　　本公司管理层负责编制公司年度报告10-K表中的合并财务报表，并确保其完整性。财务报表根据与公司情况相符的GAAP编制，因此，其数据包括我们的最佳判断和估计。10-K表年度报告中的财务信息，与财务报表是一致的。

如果你在会计报表附注里没有获得足够的启示，你就需要向财务专家请教了。（如果你想弄懂的事情非常重要，你应请教财务部门，搞清该科目及数字是怎么回事，这种做法很有意义。）

对大多数经理人来说，资产负债表是陌生的，所以我们带你把最常见的项目了解一下。有些项目乍看很眼生，但是别担心，只要牢记"拥有的财产"和"欠人的债务"就行了。和学习利润表一样，我们会在学习的过程中稍做停顿，看看哪些项目最容易出乱子。

Financial Intelligence | 第 11 章

资产：更多假设、更多估计（但是现金除外）

资产就是企业拥有的现金、证券、机器设备、建筑物和土地等财产。在美国，流动资产一般列示于资产负债表最上方，它包括能在一年内变成现金的所有资产。长期资产，一般包括使用寿命在一年以上的有形资产，通常就是所有计提折旧或者摊销的资产，还包括土地、商誉、长期投资，这些都不计提折旧。

资产的种类

在上述两大类别之下，当然有更多细分项目。我们把最常见的，几乎每家资产负债表都有的项目列出来。

现金及现金等价物

列在这一项目中的都是硬通货。银行存款、货币市场账户中的钱、公开交易的股票和债券——只要你需要，就可以在不超过一天的时间内迅速变现。这种资产的另一个名字是速动资产，它是无须会计主观判断的少数项目之一。当微软公司说它的现金和短期投资有560亿美元（或者另一个最新的数字），这就表示它真的在银行、货币基金、股市中有很多财产。当然，公司有可能撒谎。2003年，意大利的一家巨型公司帕玛拉特的资产负债表披露，它在美国银行的账户上有几十亿美元存款，但其实，它根本没这笔存款。2009年，印度的大型软件外包公司萨蒂扬计算机服务公司的CEO承认，虚增了资产负债表的现金数据，金额达几十亿美元。[1]

应收账款

这里放的是客户欠公司的钱。记住，收入只是对付款的承诺，应收账款包括所有的已承诺未支付的货款。为何这算资产呢？因为所有这些付款承诺或者说绝大部分的付款承诺会转化为现金，并且归公司所有。这很像公司对客户发放的贷款——公司拥有对客户的债权。经理人应密切关注应收账款，尤其是在投资者、分析师、债权人有可能对其非常关注的情况下。在本书第七部分，我们讨论营运资金的时候，将详细介绍如何管理应收账款。

有时，资产负债表包括一个名为"坏账准备"的项目，这是应收账款的减项。这个数字是会计估计的，表示有多少钱无法从客户那里收回来，会计通常根据以往经验做这个估计。在许多公司，减去坏账准备后的应收账款，更能反映应收账款的真实价值。但是在此请注意：就在不知不觉之中，会计估计已经悄然出现了。实际上，很多公司将坏账准备作为平滑利润的工具。资产负债表上的坏账准备增加时，利润表上的费用也相应同时增加，这样一来，财报中的利润就降低了。同样，当调减坏账准备时，利润表上的利润就被调增了。因为坏账准备通常是个估计值，所以这里存在着主观判断的自由空间。

"平滑"利润

你可能认为，华尔街希望公司利润大幅飙升——给股东赚更多的钱，对不对？但是，如果利润的上升脱离预期并且无法解释，尤其是出乎华尔街的预料，投资者可能会做出负面反应，将其理解为管理层无法控制企业的一种信号。所以，企业喜欢"平滑"利润，使其保持稳定的、意料之内的增长。

存货

服务业中的公司一般没有多少存货，但是几乎所有其他行业——制造业、批发业、零售业的公司，都有很多存货。存货数字的一部分是已经生产完毕准备销售的产品，叫作库存产品。存货的另一部分，经常只有制造业才有，是正在制造的产品的价值，会计称之为在产品或简称为WIP。当然，存货还包括将要用于生产的原材料，这叫作原材料存货。

会计能花好几天时间讨论存货的计价方法，并且也真的会花好几天去讨论。本书不会花时间讨论这些，因为大多数经理人的工作不会被这事影响。（如果你的工作就是管理库存，会计的讨论就会对你有非常大的影响，那么你应该找这方面的书来阅读。）然而，资产的计价方法，经常对资产负债表的资产一边的数字影响很大。如果公司在某个财年改变了存货的计价方法，则应在资产负债表的附注中予以说明。许多公司在附注中详细说明存货是如何核算的，比如巴诺书店在最近一份年报中说：

商品存货按市价和成本孰低计价。成本按零售盘存法计算，并以先进先出法和后进先出法为基础。公司 97% 的存货采用零售盘存法。在 2010 年的 5 月 1 日和 2011 年的 4 月 30 日，采用零售盘存法的存货有 87% 基于先进先出法计价。巴诺学院的教科书和商业书籍采用后进先出法计价，其准备金对于公司存货和经营业绩并不重要。

但是，作为一位经理人，你需要记住，所有存货都是花了钱的，现金花出去，存货出现了。（也许你听到过这种说法："我们所有的现金都压在存货里了。"尽管我们不希望你频繁听到这句话。）事实上，在这儿有一种方法能改善公司现金状况：保持其他情况不变，只要降低存货，就能增加公司的现金。公司总是希望存货越少越好，前提是生产必需的材料已经准备好，客户订购的产品已经准备好。本书后文将再次讨论这个问题。

地产、厂房和设备（PPE）

资产负债表上的这一项，包括建筑物、机器、卡车、计算机，以及公司拥有的其他有形资产。该项目的数字是公司为生产经营购买机器设备支出的所有的钱。注意，这里说的支出指的是购买时的价格。如果不进行后续评估，没人知道一家公司的房产设备在公开市场上值多少钱。所以在实务中，会计基于谨慎性原则，就说："那么我们使用已知数据，就是这些资产的获取成本来计价吧。"

使用购买价格计价的另一个原因，是为了防止使用其他方法造成数据更多的偏差。假设一项资产，比如土地，已经升值了，如果我们想在资产负债表上将其"加计"到目前价值，就必须在利润表上记录一笔利润。但这笔利润仅仅来自某人的个人看法，他说这块土地今天值多少钱，那就是值多少钱，这可不是什么好事。有些公司在这方面干得非常离谱，它们设立不少壳公司，通常让高管或者其他内部人士持有，然后将资产卖给这些壳公司，这时它们就能在账面记一笔利润，就像它们真正对外销售了资产那样，但这根本不是投资者或者 SEC 想要的那种利润。

本章后文将讨论市价法会计，它要求公司按当前市价对某些资产进行估值，此刻只需记住，大多数资产的计价基础就是其购买价格。当然，公司依靠购买价格对资产进行计价，也会带来一些吓人的反常现象。假如你在一家娱乐公司工作，30 年前，公司在洛杉矶附近花 50 万美元买了一块地。今天，这块地可能值 500 万美元，但它在资产负债表上的价值仍然是 50 万美元。精明的投资者喜欢钻研公司的资产负债表，希望找到这种被低估的资产。

减项：累计折旧

土地不会磨损，所以会计不会每年给土地计提折旧，但是有损耗的建筑物和设备是要计提折旧的。计提折旧的关键要点，不是估计建筑物和设备现在值多少钱，而是将对这些资产的投资在其产生收入和利润的期间内进行摊销。（想想本书第 5 章讨论过的配比原则。）计提折旧是为了确保利润表能真实反映生产产品或提供服务的真实成本。要计算累计折旧，会计只需将买入资产之后提取的折旧简单加总即可。

在第 8 章，我们展示了一家公司如何仅靠改变折旧方法，就能扭亏为盈的"魔法"。资产负债表也有这种会计魔法。如果公司确认其卡车可以使用 6 年而非 3 年，则每年都会在利润表上少记 50% 的折旧费用，这导致了资产负债表中的累计折旧降低，而 PPE 资产价值会升高，因此资产总值也会升高。根据会计基本等式，更高的资产会变成更多的所有者权益,具体途径是增大了所有者权益中的留存收益。

商誉

当一家公司收购另一家公司之后,资产负债表上就出现商誉。它是收购价格和被买公司的实物资产总价之间的差。

怎样,很拗口吧?但其实它并不特别复杂。假如你是一家线下购物公司的 CEO,你发现一家名为 MJQ 的小型仓储公司极好,能完美满足你的需求。于是你同意花 500 万美元收购这家公司。根据会计规则,如果你以现金收购,那么资产负债表上的现金资产会下降 500 万美元。这意味着,其他相关资产会上升 500 万美元。然后,资产负债表还是平衡的。至此,你尚未做出任何改变负债和所有者权益的动作。

现在,仔细看看。因为你收购的资产包括一批实物资产,你会估计它们的价值,换成任何别的买家都会这么做。没准你发现 MJQ 公司的建筑、货架、叉车、计算机值 200 万美元,这并不表示你花 500 万美元购买这家公司就是一笔赔钱的生意。你还买进了一家声誉良好的公司,拥有丰富经验和才能的团队,这些无形资产可是比实物资产值钱多了。(你愿意花多少钱购买可口可乐的品牌?或者你愿意花多少钱购买戴尔计算机公司的客户清单?)在这个例子中,你是购买了 300 万美元的无形资产,会计将其称为"商誉"。300 万美元的商誉加 200 万美元的实物资产,你总共支付了 500 万美元,资产负债表的相关资产也因此上升了 500 万美元。

无形资产

一家公司的无形资产包括全部有价值但是你摸不到实物的东西:员工技能、客户名单、专有技术、专利、品牌、声誉、战略优势等。这些资产大多数在资产负债表上看不到，直到被收购时，买方为之付了钱，才将其在资产负债表上记录为商誉。知识产权是例外，比如专利和版权可以在资产负债表上列出，并在使用年限内摊销。

现在我们讲一个有关商誉的小故事，它能表明财务艺术是怎么发挥作用的。

在过去，商誉是要摊销的。（记住，摊销和折旧意义相同，只是摊销适用于无形资产。）资产通常折旧2～5年，但是商誉要摊销30年。这是会计规则。

后来规则变了。编写GAAP的人（财务会计准则委员会或者FASB）认为，如果商誉包括了你购买的声誉、客户群等，这些资产是不会随着时间的推移而贬值的，实际上，随着时间推移，它们反而可能升值。简言之，商誉不像设备，它更像土地。所以，不摊销商誉，更有助于反映它们的真实价值，而这是会计一直追求的效果。

但是，看看这样做的实际效果。当你收购MJQ公司之后，资产负债表上有300万美元的商誉。在会计规则修改之前，你每年摊销10万美元商誉。换句话说，每年要从收入中减去10万美元，利润也相应降低10万美元。同时，你要对MJQ公司的实物资产（价值200万美元）计提折旧，比如说，每年计提50万美元折旧，一共计提4年。同样，这50万美元也会从收入中减去，并相应降低利润。

看看发生了什么？如果其他条件不变，在会计规则修改之前，你肯定想要商誉多一些、实物资产少一些，因为商誉的摊销时间更长，每年从收入中减去的金额较少，这样就能每年都保持较高的利润。因此你有动机购买商誉占比较高的公司，你也有动机低估拟购买公司的实物资产以增加商誉价值。(记住,负责对资产进行评估的人经常是你自己的人!)

而现在,商誉堂皇入账,永不摊销,无须从收入中扣减什么,盈利能力也显得更高。于是你有更大的动机去寻找没多少实物资产的公司,也有更大动机去低估这些实物资产。泰科国际公司曾被指控利用了这一规则。我们前文提过,几年前,泰科国际公司以惊人的速度并购公司,两年时间买了600多家。很多分析师认为,泰科国际公司频繁低估这么多公司的实物资产,这样做有利于增加并购带来的商誉价值,同时降低每年的折旧费用,这会反过来推高泰科国际公司的利润,并且理论上提升公司的股价。

但是好景不长,投资者和分析师最终发现了我们在本书第一部分提到的那个问题,即泰科国际公司账面商誉高企,而实物资产相对较少。于是他们开始关注"有形资产净值",这个指标等于总资产减去无形资产再减去负债。当这个指标变成负数时,投资者会感到紧张,并有意抛售股票。

知识产权、专利以及其他无形资产

一项新的软件程序预计能带来好几年的收入,你会怎么核算开发这一软件的成本呢?一种新的特效药,从申请之日起,其专利权有20年的保护期,那么此药的研发成本又如何核算呢?显然,将全部支出在某一期间的利润表上都记为费用,就像本书前面例子中将卡车买价一次计入成本一样,是不妥的。和卡车一样,软件和专利会在未来的会计期间带来收入。因此,这些投资可视同无形资产,在其产生收入的整个生命周期内摊销。但是,出于同样的道理,如果研发费用不能带来收入,就不能形成资产,应在利润表记为费用。

你可以看到,这里有了潜在的主观判断。例如,一些软件公司的研发费高得著名，它们将研发支出分期摊销，这样利润就显得很高。另一些公司选择更为谨慎的方法：在研发支出发生时就记为费用。如果研发支出真的能带来收入，那么分期摊销是对的，可如果研发支出带不来收入，再将其分期摊销，就不对了。联合计算机公司就是在这事上陷入麻烦的，它的产品并没有什么销售前景，可是该公司把产品研发支出分期摊销了。但是，即便不存在任何欺诈，你也必须知道，你公司的摊销政策和实务，是激进的还是谨慎的。和折旧一样，摊销方法对公司盈利能力和所有者权益都有很大的影响。

应计项目和预付资产

为了理解这一项目，我们来看一个假设的例子。你开了一家自行车制造公司，租了制造场地，租金是每年 6 万美元。由于你的公司信用风险不低——没人愿意和初创公司做生意，场地的主人坚持要求你提前付款。

根据配比原则，我们知道，在 1 月就把这 6 万美元"订金"全部计入损益表是不合理的。这是全年的租金，必须分摊给 12 个月份。所以在 1 月，你在利润表上记录 5000 美元费用。但是另外的 5.5 万美元去哪里了呢？你必须找到它在哪里。看看，预付租金就是预付资产的一个例子：你买到了东西——具体买到的是对一处空间的使用权，为期 1 年——所以它是一项资产，并且你要在资产负债表上看见这个资产。

当然，每个月你都要从资产负债表上的预付资产里拿出 5000 美元，在利润表上记为租赁费，这就是"应计项目"。在资产负债表上，记录这些尚未消费完毕的开支的项目就叫作"应计资产账户"。虽然这一术语颇为费解，但这一实务却颇为谨慎：我们把已知的费用都记录了，并且把提前支付的费用也都记录了。

但是财务的艺术特性在此已悄然现身，因为在既定期间，对于该支付多少钱、该计多少费用，是有主观判断的空间的。例如，你的公司在开展一项大型广告活动。在1月，广告活动都做完了，总共花了100万美元。会计估计，这次广告活动能让公司受益2年，于是就把这100万美元记为预付资产，然后，每个月将其中的1/24计入利润表的费用。如果1月业绩低迷，公司可能认为这是最好的做法——毕竟，从利润里减去100万美元的1/24，比减去整整100万美元要好得多。但是，如果1月是业绩最好的一个月份呢？那样的话，公司可能决定"花掉"整个广告活动所付的钱，即在1月就将其完全计入费用、作为收入的扣除项。具体理由是不能保证这次广告活动会在未来2年内为公司带来收入。现在他们把广告活动的支出全部计入费用，未来几个月的利润就会相对提高。在理想世界里，我们的会计朋友都有未卜先知之术，知道广告活动能在多长的时间内为公司带来收入，但现在他们还没掌握这等法术，所以他们想知道广告活动的受益期间，只能依靠自己的估计。

按市价法为资产估值

尽管大多数资产的估值，都是以购买价格减去累计折旧，但还是有例外的方法存在。这就是市价法估值，使用这种方法的会计叫作市价法会计。这种方法允许（在某项情况下是强制要求）特定种类的资产以市场现值列示。要获得这种待遇，资产必须满足两个条件：第一，它们的价值可以不经评估而确定；第二，它们必须被公司当作短期投资持有。

公开交易的金融资产，比如股票、债券，每天都能由公开市场确定它们的价格，所以它们符合这两个条件。想象一下，联合服务公司的资产负债表上有 1 亿美元的闲置资金，于是就用来购买了 100 万股 IBM 公司的股票，每股 100 美元。联合服务公司在资产负债表上将其列为另一项流动资产——"1 亿美元股票"。3 个月后，IBM 的股票交易价变为每股 110 美元。现在联合服务公司将这 100 万股股票价值标为 1.1 亿美元，并在利润表上记录 1000 万美元的收益（通常列在"其他收益"项下。）当然，如果 3 个月后股票价格是每股 95 美元，联合服务公司就会在利润表上确认 500 万美元的损失。与常规会计处理不同，联合服务公司是在仍然持有这些股票的时候就确认了利得或者损失。因此，市价法会计的盈亏都是纸面上的盈亏。

2008 年的金融危机，揭示了这一规则存在的两个问题，这两个问题很可能在资本市场上导致严重后果。第一个问题：如何确定公司持有一组资产是为了销售还是为了做长期投资？如果两家企业持有相同的资产，一家企业将其认定为持有待售资产，从而按市价法计价，另一家企业计划长期持有资产，因此按成本计价。于是，根据持有机构的主观意图，相同的资产能展现出不同的价值，这真的非常奇怪。第二个问题：当市场濒临崩溃或者彻底失效时，会发生什么？在本部分后面的工具箱中，我们会介绍，当数百家金融机构被迫按市场价对其贷款进行计价时，会发生什么；我们还会介绍，金融危机在很多方面都给市价法会计带来了危机。但是如果金融危机有所缓解，金融机构选择继续持有这些资产，直到市场复苏，那么还需要按市价法确认损失吗？这个问题仍然在辩论不休。

这就是资产。把以上这些项目加起来，再加上所有你看见的没什么关系的项目，你就得到了资产负债表左边最底部的"总资产"金额。现在该去学习资产负债表的另一边了：负债和所有者权益。

第 12 章 Financial Intelligence

资产负债表的右侧：负债和所有者权益

前文说过，负债是公司所欠的债务，所有者权益是其净值。现在还有一种稍微不同的方式去看资产负债表的右侧，那就是，它显示了公司的资产是怎么获得的。如果一家公司借入资金以获得资产，无论是从什么渠道、在什么情况下、以什么形式借入，都会显示为某个负债项目。如果以股票换取资产，就会在所有者权益的某个项目上显示出来。

负债都有哪几种

首先要指出的是，资产负债表右边的这些项目是负债，是公司对其他经济实体负有的财务义务。负债通常分为两大类。流动负债是指必须在一年以内付清的负债。长期负债是指要在一年以上的时间付清的。在资产负债表中，负债的排列顺序是，先列示最短期的，最后列示最长期的，所以这种布局可以告诉你哪项负债什么时候到期。

一年内到期的长期负债

如果你的公司欠银行 10 万美元的长期贷款，其中 1 万美元会在今年到期，这 1 万美元就是资产负债表中流动负债列示的金额，具体名称为"一年内到期的长期负债"或者类似的词。另外的 9 万美元，列为长期负债。

短期借款

信用借款和短期循环借款列在这里。这些短期信用借款经常由应收账款、存货等流动资产做担保。尚未偿付的借款余额，全在这里列示。

应付账款

应付账款列示公司欠供应商的钱。公司每天都接受供应商的货物和劳务，通常都是至少 30 天之后才付钱。这实际上是供应商借给公司钱了。应付账款项目列出了在资产负债表日公司欠供应商多少钱。公司信用卡的欠款额通常包括在应付账款之中。

应计费用和其他短期负债

这个分类包罗万象，公司所欠的其他项目都包括于此。工资单就是其中一例。假定你的工资在 10 月 1 日到账，把你的工资在利润表上列为 10 月的费用，是否合理？可能并不合理，因为这笔工资支付的是你 9 月的工作报酬。所以会计要计算或估计出，针对你 9 月的工作，公司要在

10月1日付你多少钱,并将其计入9月的费用。这就是应计负债。这就像是内部欠条,9月签出欠条,10月支付欠款。应计负债也遵循了配比原则——我们将费用与其带来的收入月月匹配。

递延收入

有些公司的资产负债表上,有个项目叫递延收入。这让会计初学者感到困惑:收入怎么可能是负债呢?是啊,负债是公司对别人的付款义务。递延收入指的是尚未交付产品或服务却已经收到的钱,因此它是一种负债。产品或服务一旦交付之后,相应的收入将出现在利润表第一行,而递延收入将从资产负债表消失。资产负债表上可能出现递延收入的行业包括航空公司(乘客在乘坐飞机之前付了钱)、项目制工程行业(客户通常会在开工之前付首付款)。对尚未赚取的收入做如此处理,也是遵循了谨慎性原则:在实际赚取收益之前,不要对其进行确认。

长期负债

大部分长期负债是借款。但你在这里也会看见其他长期负债,例如递延奖金或补偿、递延税款、养老金负债等。如果其他长期负债金额巨大,则需要予以特别关注。

所有者权益

终于该介绍最后一项了!记得会计恒等式吗?所有者权益就是资产减去负债之后的剩余。所有者权益包括投资者投入的资本,以及公司历年留存的利润。所有者权益有很多名字,比如股东权益、股民权益等。

有些公司资产负债表上的所有者权益列得非常详细，很容易让人搞混，通常包括如下类别。

资　本

这个词有好多意思。实物资本是工厂、设备、车辆等。从投资者角度看，财务资本指投资者持有的股票、债券；从公司的角度看，是股东的股权投资和公司借入资金之和。年报中的"资金来源"表示公司的钱来自何处，"资金运用"表示公司如何使用其资金。

优先股

优先股又称有优先权的股票、股份，是一种特殊类型的股票。优先股的股东一般会在普通股股东之前获得股利分配。但是优先股的股利一般是固定的，所以其价格不能像普通股股票那样随行就市大幅波动。因此，持有优先股的投资者不能把公司价值成长带来的利益全部收入囊中。当公司发行优先股时，会以固定价格向投资者出售股票，资产负债表上反映的就是这个固定价格。

大多数优先股没有投票权，因此在这一点上，它更像债券而非股票。要说区别，债券持有者可以获得固定的息票或者利息，而优先股东获得的是固定的分红。公司使用优先股融资，是因为它和债券的法律规定不同。如果公司不能支付债券利息，债主可以强迫它破产偿债，而优先股股东无权这样做。

普通股

与大多数优先股不同，普通股一般都有投票权。普通股股东可以投票选举董事会成员（通常是一股一票），可以投票决定其他需要股东表决的事项。普通股可能分红，也可能不分红。在资产负债表上，普通股是基于发行价列出"股票面值"和"实收资本"。

股　利

股利是从公司所有者权益中分配给股东的资金。在上市公司，股利通常在年末或季末分配。

留存收益

留存收益或累积收益，是指再投资于企业而不是分红给股东的利润。其数字是企业成立以来再投资或留存在企业中的税后利润的合计。有时，一家公司以现金形式持有大量留存收益，面临着向股东支付一部分现金分红的巨大压力，微软公司就是一个例子。毕竟，没有股东愿意看见他的钱锁在金库里，而不是投资于再生产。当然，你也可能看到留存收益是个负数，这是累积亏损，表示公司成立以来总体上是亏钱的。

那么，所有者权益表示公司被卖掉的时候，股东能收回什么，对吗？当然不对！想想影响资产负债表的那些会计规则、会计估计、会计假设。资产是以买价减去累计折旧计入资产负债表的。商誉来自公司曾经的并购，累计在一起从不摊销。公司当然还有自己的无形资产，比如品牌和客户清单，这些在资产负债表上根本看不见。这些事情带来的教益是：一家公司的市场价值，从未与其资产负债表上的权益或账面价值相匹配。一家公司的实际价值是意向买家愿意为之支付的钱。上市公司的价值，是通过计算其市值得到的，也就是，用某一天的股价乘以发行在外的股票总数。非上市公司的价值，可以使用本书第一部分所述的估值方法之一来进行估计。

第13章

资产负债表为什么一定是平衡的

你若在学校学过会计恒等式,老师可能教过你这样的话:"资产负债表之所以叫'资产负债平衡表',是因为它一定是平衡的。资产一定等于负债加所有者权益。"但是,尽管你将这个答案老老实实写在了试卷上,你也不会是百分之百地透彻理解为什么资产负债表是平衡的。这里介绍理解此问题的三种方法。

资产负债表平衡的原因

首先,我们从个人情况讨论起。你怎么看一个人的净资产,就能怎么看一家公司的资产负债表。净资产一定等于拥有的减去欠人的,因为净资产的定义就是这么写的。本书第 10 章,关于个人的第一个等式:拥有的财产－欠的债务＝净资产,企业也是同样的道理,所有者权益的定义就是:资产减去负债。

其次,看看资产负债表展示的是什么。左边是资产,这是公司拥有的财产。右边是负债和所有者权益,这代表公司拥有的财产来自何处。因为你的财产不可能从天而降,所以一边是"拥有的财产",另一边是"财产的来源",两边永远是相等的,并且必须相等。

最后,看看随着时间推移,资产负债表会发生什么变化。这样可以帮助你明白,为什么资产负债表总是平衡的。

假设一家公司刚刚开业。它的老板投入了 5 万美元,因此在公司资产负债表的资产一边,就有 5 万美元现金。公司还没负债,因此所有者权益也是 5 万美元。此时资产负债表是平衡的。现在,公司花 3.6 万美元买了一辆卡车。如果别的条件不变,你在购买卡车之后立即新编了资产负债表,则资产负债表的资产一边是这样的:

资产	
现金	14 000
土地、厂房和设备	36 000

资产一边加起来仍是 5 万美元。而在资产负债表的另一边,所有者权益仍是 5 万美元。资产负债表也仍是平衡的。

接下来,假设老板觉得需要更多现金,他就去向银行借了 1 万美元,使现金总额达到 2.4 万美元。现在资产负债表的资产一边是这样的:

资产	
现金	24 000
土地、厂房和设备	36 000

现在,资产一边加起来是 6 万美元。但是,理所当然,他的负债也

相应增加了。于是资产负债表的右边是这样的：

负债和所有者权益	
银行借款	10 000
所有者权益	50 000

这些，加起来也是 6 万美元。

请注意，虽有上述交易，所有者权益还是保持不变。只有在公司从股东处筹集资金、向股东分红、将利润或亏损入账时，所有者权益才会改变。

每一笔交易，都会同时影响资产负债表两边。例如：

- 公司用 10 万美元现金去偿还借款。资产一侧的现金减少了 10 万美元，另一侧的负债降低了同样的金额，所以资产负债表保持平衡。
- 公司买了价值 10 万美元的机器，支付 5 万美元现金，其余的作为欠款。现在资产一侧的现金减少了 5 万美元，但是列在资产一侧的新机器却增加了 10 万美元，所以总资产上升了 5 万美元。同时，买机器欠的 5 万美元列在负债一侧。这样，资产负债表又是平衡的了。

你只要记住"交易会同时影响资产负债表两边"这一基本原理，就行了。这就是资产负债表会平衡的原因。理解了这一点，财务智慧就有了根基。记住，如果资产加负债不等于所有者权益，那它就不是资产负债表了。

| 第 14 章 | Financial Intelligence

利润表怎样影响资产负债表

到目前为止,我们一直在研究资产负债表本身。但是,财报世界中有一个藏得很深的秘密:某一张报表的变化几乎总会影响其他报表。所以当你管理利润表的时候,你也会影响资产负债表。

利润怎样影响所有者权益

为了弄清利润表上的利润和资产负债表上的所有者权益之间的关系,我们来看几个例子。表 14-1 是一家全新(同时极小)公司的超级简化的资产负债表。

第 14 章 利润表怎样影响资产负债表

表 14-1　资产负债表　　　　　　　　（单位：美元）

资产	
现金	25
应收账款	0
总资产	25
负债和所有者权益	
应付账款	0
所有者权益	25

假设这家公司经营了一个月。我们买了 50 美元的零件和材料，用来制造产品并卖了 100 美元。我们还发生了 25 美元其他费用。这个月的利润表如表 14-2 所示。

表 14-2　利润表　　　　　　　　（单位：美元）

产品销售收入	100
产品销售成本	50
毛利润	50
总费用	25
净利润	25

现在：资产负债表有什么变化？

第一，为了支付费用，我们花掉了所有的现金。

第二，我们有 100 美元的应收账款，未从客户收回。

第三，我们欠供应商 50 美元。

因此，月末的资产负债表如表 14-3 所示。

表 14-3　资产负债表　　　　　　　　（单位：美元）

资产	
现金	0
应收账款	100
总资产	100
负债和所有者权益	
应付账款	50
所有者权益	50
负债和所有者权益	100

看，25美元的利润变成了25美元的所有者权益。如果资产负债表更详细一些，这25美元会列为所有者权益下的留存收益。在企业中真是这样：只要不分红，净利润就会变成所有者权益。同理，净亏损会减少所有者权益。如果企业每个月都亏损，则负债终将超过资产，所有者权益成为负数，距离破产也就不远了。

注意，这个简单例子还有另一个特别之处：本月公司没现金，所以日子很难过！公司是赚钱了，所有者权益也增长了，可就是在银行里连一分钱都没有。因此，一位优秀经理人需要明白资产负债表上的现金和利润是怎样互相作用的。本书第四部分，当我们讨论现金流量表的时候，还会继续深入这个话题。

利润表的其他影响

利润和所有者权益的关系，远远不是资产负债表和利润表的唯一联系。利润表记载的每一笔销售收入都会引起现金（如果是现金销售）或应收账款的增加。产品销售成本和经营费用记载的每一美元工资，都代表现金减少了一美元，或者应计费用增加了一美元。购买材料则会增加应付账款，诸如此类。当然，所有这些变化都会影响总资产或负债。

总之，如果一位经理人的工作目标是提高盈利能力，他就会给资产负债表带来积极的影响，仅仅因为利润能增加所有者权益。可事情并非如此简单，因为这关系到公司的盈利模式，也关系到资产负债表本身的资产和负债情况。例如：

- 工厂经理获悉一种重要原材料价廉物美，就要求采购部大量买进。这很值,对不对?还真不一定。资产负债表上的存货会因此增加,应付账款也以同等金额增加。最终,公司只能拿现金去偿付这些应付账款,而这时候,原材料能带来的收入还遥遥无期呢。同时,公司必须为这些存货支付仓储费用,还可能得借钱弥补现金的不足。所以,搞清这笔采购是否真的有利可图,需要做很详细的分析,在做决策的时候,一定要把这些财务问题都考虑周全。

- 工厂经理希望提高销售收入和利润,决定以小企业为目标客户。这是个好主意吗?还真不一定。小企业的信用是比不上大企业的。应收账款可能大比例增长,因为小客户的付款较慢。于是会计增加了"坏账准备金",这会减少利润、资产、所有者权益。具备财务智慧的销售经理,需要研究一下怎么定价:向小客户销售有更多风险,要不要增加销售毛利润来补偿一下?

- IT 经理决定买一套新的计算机系统,他认为新的计算机系统能提高生产能力和盈利能力。但是,怎么给这些新的计算机设备付款呢?如果公司已然举债过度(即债务相对权益太高,也就是杠杆率太高),那么借钱来买就不是什么好办法了。或许,公司可以发行新股,让股东增加投资。做筹资决策是 CFO 和财务主管的工作,不是 IT 经理的工作。但是,了解公司的现金和债务情况,可以给 IT 经理的采购决策提供更多有用的信息。

简言之,所有经理人都应该时不时提高站位,纵观全局。你不能只关注利润表上的个别项目,你还要关心资产负债表(以及现金流量表,这个我们很快就谈到)。当你提高站位总览全局的时候,你的思想、你的工作、你的决策都会更加深入。你会考虑更多因素,你讨论这些因素的影响的时候，会更加细致入微。还有，想象一下你和CFO讨论"利润怎样影响权益"的时候，他会对你有多深的印象（甚至震惊）。

如何评估一家公司是否健康发展

记得吧，本部分开头说过，精明的投资者看财报时经常首先看资产负债表，原因是资产负债表可以回答很多问题，比如：

- 公司的偿债能力如何？也就是说，它的资产是否大于负债，所有者权益是否为正数？
- 公司能支付供应商货款吗？这要看一个重要指标，就是流动资产特别是现金和流动负债之比。关于比率指标，本书第五部分将介绍更多。
- 所有者权益是否一直在增长？将不同时期的资产负债表互相比较，能看出公司发展趋势是否良好。

当然，这些都是简单的基本问题。但是，通过仔细研究资产负债表及其附注、将资产负债表和其他报表相比较，投资者能察觉更多事情。商誉对公司的"总资产"有多重要？计提折旧是根据什么假设，这有多重要？（想想美国废物管理公司。）现金是在逐渐增加（这是好信号）还是逐渐减少？所有者权益一直在增加，这是因为公司让股东增加了投资，还是因为公司自己赚来了钱？

简言之，资产负债表有助于判断一家公司的财务状况是否健康。所有报表都能帮你做出判断，但是资产负债表（公司的累积绩点）是其中最重要的一份。

工具箱

是费用还是资本性支出

当公司购买一套大型设备时，其支出并未在利润表列为成本费用，而是在资产负债表列为新资产，只有设备的折旧出现在利润表上，作为利润的减项。

你可能认为费用性支出（列于利润表）和资本性支出（列于资产负债表）之间的区别是简简单单、清清楚楚的，但事实并非如此。事实上，这是财务艺术的主要舞台。

想想看，如果从利润表上拿走一大块成本放在资产负债表上（能这么做的只有作为利润减项的折旧），就能明显提高利润。本书第1章提及的世通公司，就是一个经典案例。世通公司的一大块成本费用称为线路成本，世通公司使用这些线路时需要向当地电话公司付费。通常，线路成本被当作普通的经营成本，但是有人争辩说，其中一部分是对新市场的投资，好多年都不会有收入。虽然这话错误至极，但世通公司CFO斯科特·沙利文追求的逻辑就是如此，他开始把公司的线路成本资本化。看看：这些成本费用从资产负债表上消失了，并且利润增加了几十亿美元。从华尔街的角度看，世通公司忽然造出了远超既往的利润，直到后来，世通公司骗局败露轰然倒下，才有人醒悟这是怎么一回事。

世通公司将其费用资本化，动作幅度之大，简直无法无天，该公司最终死于水深火热之局。但是其他公司，为了虚增一点点利润，也偶尔把擦边的费用做资本化处理。你们公司这样干过吗？

市价法会计的影响

正如我们在第11章所说，市价法会计使用当前市价而非历史成本为特定金融资产估值，始于2008年的金融危机在很多方面也是市价法会计的危机。来看看为什么。

　　首先看看简化版的银行资产和负债怎么核算。银行资产包括现金和对外贷款，银行负债包括客户存款，比如支票账户和储蓄账户的存款。银行的基本业务是，吸收客户的存款，然后以高于储蓄利率的贷款利率，对外放贷。

　　然而，在20世纪80年代，许多专做住房贷款抵押业务的存贷机构也就是小银行，发现自己陷入窘境。它们的资产主要是长期抵押贷款，利率相对较低。同时，由于通胀率很高，储户要求银行支付高额利息。为了避免这些储户提现走人，存贷机构只能向储户支付高额利息，比它们收到的抵押贷款利息还要高。几个月内，几百个这样的存贷机构破产了。

　　这事带来的后果是，政府开始要求金融机构在存款和贷款期限之间做个平衡。这意味着，银行不能提供长期抵押贷款了，因为储户不想把钱捆绑那么久。为了解决这个问题，政府委托两家机构房利美和房地美从银行购买抵押贷款，将其打包成证券，出售给投资者。这些新的金融产品就是抵押贷款支持证券，它们大受欢迎。它们利息很高，并且貌似没什么风险。房利美和房地美肯买的贷款是必须符合一定条件的优质贷款。

　　几年之后，其他金融机构开始购买不符合优质贷款条件的抵押贷款，它们把这些风险较高的"次级贷款"打包成证券卖给投资者。很快，就连房利美和房地美也被允许购买这些次级贷款，因为政府相信，这样可以帮助更多的人拥有房屋。所有这些都造成了一种"人人可以贷款"的环境。这刺激了楼市，推高了房价，似乎让投资者更加安全；随着房价高企，似乎任何违约都可以被更高的房价弥补。

　　因为银行发放了这些抵押贷款，并在一周之内将其在成熟市场上出售，因此，在银行的资产负债表上，这些资产是按市价法计价的。许多银行持有价值几十亿美元的抵押贷款，想转卖获利。但是很快，房地产市场开始崩溃，房价下跌，房主纷纷违约，大多数投资者停止购买抵押贷款支持证券，发行抵押贷款支持证券的中间商停止从银行购买抵押贷款。没了买家，银行持有的抵押贷款，价格暴跌。

现在继续讨论市价法会计的规则，即银行必须将这些抵押贷款按当前的市值计价。如果一家银行持有 100 亿美元的抵押贷款，而市价下跌了 10%，则银行必须记录 10 亿美元的亏损，而这可能会使其所有者权益归零，银行也只能关门大吉。

在 2008 年第四季度，全美国有数百家银行发生了这种情况。媒体报道了银行卖不掉的"有毒"资产，作为回应，政府制订了 8000 亿美元的"问题资产救助计划"来拯救许多陷入困境的银行。然而，出于各种情况，银行其实没有真正破产：借款人仍在还款，银行利差仍可满足储户的要求。但是市价法会计把银行打垮了。

金融危机开始后，FASB 修改了金融机构的市价法规则，对银行在这种情况下需要记账的亏损做出了限制。但是，委员会的行动太少太晚，因此无法影响这次已经到来的危机。

第 四 部 分

现金为王

Financial Intelligence

| 第 15 章 | Financial Intelligence |

现金经得起检验

许多经理人忙于关注 EBITDA 等利润表指标，而较少关注现金。有时，董事会和外部分析师过度关注资产负债表。但是，有一位投资者密切关注现金，他就是沃伦·巴菲特。

沃伦·巴菲特可能是有史以来最伟大的一位投资者。他的公司——伯克希尔·哈撒韦公司，投资了几十家公司，其业绩惊人。2006～2010年，伯克希尔·哈撒韦公司的账面价值（用这个指标衡量该公司的价值真是相当保守）平均每年上涨 10%，而标准普尔 500 指数这个广泛衡量上市公司股票的指标平均每年上涨 2.3%。自 1965 年以来，巴菲特的投资业绩一直表现卓异。他是怎么做到的呢？很多人写了书，试图解释他的投资哲学和分析方法。但是在我们看来，这一切都可以总结为三条简单的原则。第一，他评估一家企业，是看其长期前景，而不是短期前景。

第二，他总是寻找他懂行的行业（这让他避开了许多互联网相关投资）。第三，当他查看财务报表时，他最大的关注点是他称之为"所有者收益"的现金流指标。巴菲特的财务智慧达到了一个全新的高度，他的净资产可以为证。这很有意思：对他而言，现金为王。

所有者收益

所有者收益这个指标衡量的是企业在一段时间内赚取现金的能力。我们可以说，这是企业主能从企业拿走、自己花掉的钱。所有者收益是个重要的指标，因为它充分考虑了企业为健康发展而必须持续投入的资本性支出，而利润指标，甚至经营活动现金流指标，都没有做到这一点。本部分的工具箱将对该指标做更多介绍。

现金为什么必须为王

我们详细看一下财务报表的第三个要素——现金。现金流为什么是衡量企业业绩的关键指标？只拿利润表上的利润作为关键指标不行吗？只拿资产负债表上的资产或者所有者权益作为关键指标不行吗？一方面，现金和利润是不一样的，这一点我们会在第16章予以解释。利润指标来自对收款的承诺，而不是来自实际收款。所以如果你想知道你的公司是否有钱支付工资、支付供应商货款甚至购买设备，你就要研究现金流。

另一方面，利润表和资产负债表无论多么有用，都带有与生俱来的潜在偏差。而现金则不然，当你看一家公司的现金流量表时，其实你是在间接看该公司的银行账户。如今，在经历了15年的金融动荡之后，现金流指标成了华尔街的宠儿，它成为分析师做企业估值的重要指标。但是，沃伦·巴菲特一直关注现金，因为他知道，这是财务艺术对其影响最小的数字。

为什么有些经理人不关注现金？原因有很多，比如在过去，没人要求他们关注这个（当然，现在开始改变了）；再比如财务部门的人通常认为现金是他们的分内之事，别人不用管。但最常见的原因是，经理人缺乏财务智慧。经理人不了解利润相关的会计规则，因此他们认为利润和现金流是一样的。有些经理人不相信自己的行为会影响公司的现金状况，有些虽然相信，但不明白具体是怎么影响的。

还有另一个原因就是，现金流量表有点难懂。对于非财务人士来说，大多数现金流量表读起来就很难，更不用说弄懂了。但其实这也是一项有回报的投资：如果你肯花时间去弄懂现金，你就可以从你公司的财务艺术家们搞的万花筒和烟幕弹中走出来，不被迷惑；你就可以看清，你的公司在把利润转化为现金这方面，工作做得到底好不好。你能尽早发现出乱子的征兆，你也能知道要怎样管理，公司的现金流才是健康的。现金，才是经得起检验的、真正的钱。

本书作者之一乔，其职业生涯的早期是在一家小公司做财务分析，那时他就意识到现金的重要性。那家公司在苦苦支撑，所有人都知道这种情况。有一天，CFO和会计主管都去打高尔夫球了，没法联系上他们。（那时候还不是人人都有手机，乔的年龄就此暴露了啊。）银行的人给公司打电话，找到了CEO。显然，来自银行的消息让CEO甚为不悦，他认为银行的人最好和公司的财务人员谈谈，于是CEO把电话转给了乔。乔听见银行的人说，公司在银行的信贷额度已经用完了。"明天是贵公司发工资的日子，"银行的人说，"我们想知道贵公司这工资要怎么发。"乔的脑子一如既往地转得很快，他答道："噢，我能一会儿打给您吗？"然后他做了一些调查，发现有个客户欠公司的一大笔钱已然开出支票，并且正在邮寄途中了。他把这事告诉银行的人，对方答应让公司继续借钱发工资，条件是客户的支票一到，乔就把它拿到银行去。

那天，其实支票当天就送到了，可是支票送到的时候银行已经关门了。次日一早，乔拿着支票开车赶去银行，到的时候，还要几分钟银行才开门，已经有人在那儿排队了。他看见自己公司的几个员工在那里，拿着工资支票准备支取现金。其中一人前来搭话，说："你们早就算计好了，对不对？"乔问："什么算好了？"那人以怜悯的眼神看着乔："算计发工资这事啊。每周五，我们都是一有时间就拿着工资支票来银行，支取现金然后存到自己的银行账户里，这样，我们能保证支票不被拒付。如果银行不给兑现，我们就赶快去找新工作。"

乔的财务智慧就在那一天大幅飞跃。他领悟到了巴菲特早已知道的那一点：现金是企业的命脉所系，现金流是衡量企业健康度的关键指标。无论从事哪个行业，你都需要人来经营业务，需要场地、电话、电力、电脑、办公用品等，即便公司盈利你也付不起这些钱，因为利润不是真正的钱，现金才是真正的钱。

第 16 章 Financial Intelligence

利润不等于现金（但你必须兼有现金和利润）

为什么利润和现金流入不同？有些原因是明摆着的：银行贷款或者投资者投入都能带来现金流入，这些现金根本不会出现在利润表上。即使是我们将在第 17 章详述的经营现金流，也和利润不完全一样，基本原因有三。

- 其一，收入在销售时即入账，原因之一是我们在讨论利润表时已解释过的基本原理：销售收入在公司向客户交付产品或服务时记账。艾斯印刷公司向客户提供了价值 1000 美元的小册子，它可以记录 1000 美元的收入，理论上，从这些收入中减去成本费用之后，就是账面利润了。但是，现金并没到手，因为艾斯公司的客户通常要等 30 天或者更久才会付钱。因为利润来自收入，所以利润反映了客户的付款承诺。现金流则与此相反，它总是反映现金的交易。

- 其二，成本费用均与收入配比。利润表的用途是将一定期间内与收入相关的所有成本费用汇集列示。但是，正如本书第二部分所讲，这些成本费用可能并未在那个期间内实际支付，有些早于那个期间支付（比如初创公司得提前支付一年的房租），大部分则晚于那个期间支付（比如供应商的货款在到期的时候才支付），因此利润表上的成本费用并不反映现金流出。但是，现金流量表却总是反映特定时期现金的流入、流出。

- 其三，资本性支出不影响利润。还记得第三部分的工具箱所讲的吗？资本性支出在发生时不会列入利润表，只有被计提折旧时，折旧费用才作为收入的减项。因此，一家公司购买的卡车、机器、计算机系统，都只会在其使用年限内逐步出现在利润表上，而不是在购买时一次出现。现金则完全是另一回事：所有这些都是要付钱的，付款时间经常远远早于折旧提完之时，而现金流量表会列示所有付款。

你可能会说，从长期看，现金净流量和净利润会一样：应收账款会收回来，这样销售收入就转化为现金；应付账款会被付出去，这样费用只是列在不同期间而总体上是一样的；资本性支出会提取折旧，这样长期之后，作为收入减项的累计折旧会大致等于买资产时的花销。在某种程度上，这些都是真实的，至少对于一家成熟的、管理完善的公司而言是真实的。但是，在某个固定期间里，现金和利润之间的差异，会造成各种各样的麻烦。

没有现金的利润

为说明这一点，我们列举两个现金、利润状况截然不同的简单公司，并将其做对比。

甜梦面包房是一家新开业的制造商，生产饼干和蛋糕，供应给专卖店。创始人准备在 1 月 1 日开业，她根据独特的私家配方为客户制作产品。我们假定她在银行存有 1 万美元现金，假定她头 3 个月的销售收入分别是 2 万美元、3 万美元、4.5 万美元。销售成本是销售收入的 60%，每月的经营费用是 1 万美元。

只要睁大眼睛看一下这些数字，你就能发现她很快就会盈利。真的，头 3 个月的利润表如表 16-1 所示。

表 16-1 利润表　　　　　　　（单位：美元）

	1 月	2 月	3 月
销售收入	20 000	30 000	45 000
销售成本	12 000	18 000	27 000
毛利润	8 000	12 000	18 000
费用	10 000	10 000	10 000
净利润	-2 000	2 000	8 000

但是，一份简单的现金流量表会讲述不同的故事。甜梦面包房和供应商有个协议，约定在 30 天内支付原料价款。但是购买产品的那些专卖店呢？它们的状况并不稳定，它们需要 60 天才能付来货款。所以，甜梦面包房的现金流状况是：

- 1 月，甜梦面包房从客户那里收款为 0。1 月末，销售带来的只有 2 万美元应收账款。幸运的是，它也不用付原料钱，因为供应商的账期是 30 天。（我们假设产品成本只有原料，因为店主自己动手烘焙，没有聘人。）但是面包房需要支付费用——房租水电费等，所以最初的 1 万美元都花光了，甜梦面包房在银行一分钱也没有了。
- 2 月，甜梦面包房还是没有收到钱。（记住，客户的付款期是 60

天。）2 月末，账上有 5 万美元应收账款（1 月的 2 万美元加上 2 月的 3 万美元），但是现金仍为 0。与此同时，甜梦面包房需要支付 1 月的原料等货款 1.2 万美元，以及 2 月的费用 1 万美元。所以，现在它有 2.2 万美元的缺口。

店主能扭转局面吗？当然能！3 月，上升的利润就能改善现金状况！唉，不对，说错了。

- 3 月，甜梦面包房终于收回了 1 月的销货款，有 2 万美元进账，还差 2000 美元就能补上 2 月底的缺口。但是现在，2 月的原料款 1.8 万美元和 3 月的费用 1 万美元都得支付了。所以在 3 月末，有 3 万美元的缺口，比 2 月末还要糟糕。

这是怎么回事呢？答案是：甜梦面包房还处于成长期。它的销售每月增长，意味着它每月都得付更多的原料钱。然后，它的费用也会增长，因为店主必须聘人了。另一个问题是账期之间的差距，甜梦面包房得在 30 天内向供应商付款，而要从客户那里收到销货款得等 60 天，实际上它是垫付了 30 天的现金。只要销售一直增加，它就得一直垫款，除非能找到另外的现金来源，否则情况永远是收款跟不上付款。甜梦面包房的例子是虚构的，并且过于简化，但这正是很多盈利公司歇业的原因。这也是众多小公司会在开业第一年倒闭的原因之一：很简单，它们没现金了。

没有利润的现金

现在，我们来看看现金—利润差的另一种情况。

精品服装店也是一家初创企业,它销售昂贵的男装,店铺位于商人和游客频繁光顾的城里。头 3 个月,它的销售额分别是 5 万、7.5 万、9.5 万美元,增长趋势也非常健康。它的销售成本是销售收入的 70%,每月的经营费用是 3 万美元。(房租高!)为了便于比较,我们也假设它开业初期有 1 万美元存在银行里。

精品服装店头 3 个月的利润表如表 16-2 所示。

表 16-2　利润表　　　　　　　　　　　　　　(单位:美元)

	1 月	2 月	3 月
销售收入	50 000	75 000	95 000
销售成本	35 000	52 500	66 500
毛利润	15 000	22 500	28 500
费用	30 000	30 000	30 000
净利润	-15 000	-7 500	-1 500

尽管每月亏损越来越少,但它还没实现扭亏为盈。同期,它的现金状况如何?当然,它是零售商,每次销售都会立即收钱。我们假设,精品服装店可以和供应商谈成优惠账期,在 60 天内向其付款即可。

- 1 月,它有 1 万美元启动资金,又收到 5 万美元销货款。它还不需要付款给供应商,所以这个月只需要支付 3 万美元费用。1 月末,它在银行的存款是 3 万美元。
- 2 月,又收到 7.5 万美元销货现金,还是不用给供应商付款。付过 3 万美元费用后,这个月的现金净流入是 4.5 万美元。2 月末,它在银行的存款是 7.5 万美元!
- 3 月,又有 9.5 万美元销货款进账,付掉 1 月的供应商货款 3.5 万美元、3 月的费用 3 万美元,这个月的现金净流入是 3 万美元。3 月末,它在银行的存款是 10.5 万美元。

现款销售的行业比如零售、餐饮等都会有这种情况，如精品服装店案例，该公司虽然亏损，银行存款却每月增加。短期看来情况不错，只要能控制费用，情况就会一直不错，然后它就能扭亏为盈。但是店主必须小心：如果他误以为生意很好，然后增加开支，就会在亏损的道路上越走越远，如果无法盈利，他的现金最终是会用完的。

现实世界中，很多公司和精品服装店有相似之处。每个现款销售的公司，从纽约缅街上的小商店到亚马逊和戴尔这样的巨头公司，在支付产品成本和经营费用之前，都能收到客户的现款，这相当奢侈。它们享受这种"飘着的钱"——如果公司正在增长，那么"飘着的钱"就会越来越多。但是归根结底，企业都必须在利润表的规则之下实现盈利，因为从长期来看，现金流无法阻止亏损。在精品服装店的例子里，账面亏损终将导致现金流为负数，正如利润最终会转化为现金一样，亏损也终将耗尽现金。在此，我们试图理解的是，现金流的时机和节奏非常重要。

理解利润和现金的区别，是提升财务智慧的关键一步。这是许多经理人没机会学习的一个基本概念。它开启了一个全新的窗口，使经理人有机会提出问题，并做出明智的决策。例如：

- 寻找对口的专业人才。本章列举的两种不同情况需要不同的专业技能来处理。如果公司盈利良好但是缺乏现金，就需要财务专家——能为公司安排更多融资的人。如果公司现金充裕但是盈利能力欠缺，就需要有能力压降成本或者只增加收入不增加成本的人。因此，财务报表不仅能告诉你公司状况如何，还能告诉你，公司应该聘请什么样的专业人才。
- 做决策时抓住时机。搞清什么时候该干什么，可以提高公司的效率。以定点公司为例。在乔开始做商业素养培训之前，他是定点公司的 CFO，该公司制造商业自动化系统等产品。公司的经理们认为，每年第一个季度是最赚钱的，因为来了许多自动化系统的订单。但是公司需要向分包商付钱、为购买组件付钱，所以现金总是紧张。第二季度，由于收回了上个季度的应收账款，公司的现金流改善了，但利润下降了。定点公司的经理们都学会了：最好在第二季度而不是第一季度购买设备，因为第二季度虽说利润较低，却有足够的现金让他们花。

综上所述，最重要的教益是：公司既需要利润也需要现金，这二者是不一样的，一家健康的公司必须两者兼而有之。

| 第 17 章 |

现金流说的是什么

你可能认为现金流量表不难读懂。因为现金说的就是真正的钱,所以现金流量表的数字里没有假设也没有估计。正数是现金流入,负数是现金流出,两者加起来就是现金净流量。事实上,大多数非财务经理(甚至一些财务人士,我们和财务部门合作时了解到的)都需要花一些时间才能读懂现金流量表。原因之一是表中数据的类别让人很困惑,原因之二是表中的正负数有时显得乱。(比较典型的是,一个项目名为"应收账款的增加/减少",后面跟着一个正数或者负数,那到底是增加还是减少呢?)原因之三是很难看出现金流量表和其他两张报表之间的关系。

我们将在第 18 章讨论最后一个原因。现在,先安心学习现金流量表,从基础术语开始。

现金流的类别

在现金流量表上,企业收钱,叫作现金流入;企业付钱,叫作现金流出。具体分为三大类别。

经营活动产生的现金流

有时,你看见的说法可能与此略有不同,比如"经营活动收到的或使用的现金"。无论具体用词是什么,这一类都包含了与实际经营活动有关的所有现金流,即所有流入和所有流出。它包括客户买单时付来的钱,包括公司发薪付的钱、向供应商付的钱、付给房东的钱,以及其他一切只要开门营业就得花的钱。

投资活动产生的现金流

这一类很容易让人混淆。这里的投资指的是公司的投资,不是股东对公司的出资。这里有个关键小类是"资本性支出所付的现金",指的是公司购买设备支付的现金。如果公司购买卡车或者购买设备,花出去的钱就列在这个小类下。反之,如果公司卖掉了卡车、设备(或其他资产),收到的钱也列在这里。这一部分还包括并购投资或者对金融证券的投资,简言之,就是包括所有买卖资产的现金流。

融资活动产生的现金流

融资,一方面指取得借款、归还借款,另一方面指公司和其股东之间的交易。如果公司获得一笔银行贷款,那么收到的钱就列入这一类。如果公司从股东那里获得一笔权益性投资,收到的钱也列入这一类。如果公司偿还贷款本金、回购自己的股票,或者向股东分派红利,支出的现金也列入这一类。这一类也有可能混淆：如果股东向公司增加投资，相关现金要列入融资活动现金流，而不是投资活动现金流。

企业融资

一家企业如何融资，指的是它怎样获得启动资金或者扩张资金。通常，公司通过债务、股权融资，或者同时以这两种方式融资。债务融资意即向银行、向家人，或者向其他人借钱。股权融资意即让人们购买公司的股票。

每个类别在说什么

现金流量表中有很多极其有用的信息，你马上就能看到。第一类是经营现金流，从很多方面看，它都是评价企业健康度的最重要的指标。经营现金流一直良好的公司，其盈利也就可能良好，它很可能把利润转化为现金这事做得很好。还有，经营现金流良好，意味着可以从内部筹得现金支持公司成长，无须借款，也无须增发股票。

第二类，显示公司为未来发展投资了多少钱。如果这一数字与公司规模相比显得很小，那么该公司就是根本没投什么资金，管理层可能只是把企业当作"现金奶牛"，在挤干所有的现金奶，同时不对其做任何投资。如果这一数字与公司规模相比显得很大，可能说明管理层对公司未来抱有很高期望。当然，投资额算大还是算小，要根据公司类型来判断。例如，一家服务业公司资产方面的投资通常要比制造业公司小。所以你的分析必须反映你要评估的企业的全景。

第三类，显示公司对外部融资的依赖程度。观察这一类别在不同时间的数字，你可以看出公司是不是一家净债务公司（借入的钱永远比偿还的钱多）。你还可以看出它是否对外发行了新股，是否回购了股票。

股票回购

如果公司有富余的现金，并且认为股票价格不该是现在这么低，它就可能回购一些自己的股票。效果就是减少流通在外的股票数量，从而增加股价上涨的可能性。

最后，现金流量表还能让你计算沃伦·巴菲特的那个著名指标"所有者收益"，华尔街将其称之为"自由现金流"。（具体见本部分的工具箱。）

近年来，华尔街越来越重视现金流量表。例如，很多分析师开始把利润表的部分数据和现金流量表的部分数据互相对照，以确认公司的利润是不是正在转为现金。而且，正如巴菲特所知，现金流量表的操纵空间小于另外两张表。固然，"空间小"不等于"没空间"。例如，一家公司想在某个财季展示良好的现金流，它就会拖延付款，把该付的员工奖金和供应商货款都拖到下一季度再支付。但是这一招只能在短期内有效，因为如果公司一再拖延付款，收不到钱的供货商终将停止提供产品和服务。

Financial Intelligence | 第 18 章

现金与一切都有关系

一旦你学会阅读现金流量表，你就能径直接受它的表达方式，并查看它叙述了公司现金流量的哪些情况。然后你就能弄懂如何影响它——作为一位经理人，你该如何帮企业改善现金状况。我们在第 19 章会仔细介绍一些改善办法。

但如果你是喜欢猜谜解惑的人（喜欢钻研事物背后的逻辑），那么请跟随我们先学完这一章。因为你可能已经发现一个秘密：只要看着利润表，再看着两张资产负债表，就能编出一张现金流量表。

编一张现金流量表并不困难：只要会加减法就行。但是在编制途中很容易迷路，原因在于，会计不仅有特殊的语言、特殊的工具、特殊的技术，还有特殊的思维方式。他们认为，利润表上的利润，只是遵循某些规则、假设、估计的计算结果。他们认为，资产负债表上的资产，并非真的值那么多钱，也是根据规则、假设、估计算出来的。但是会计们也明白，我们称之为财务艺术的东西，并不只是抽象的存在，这些规则、假设和估计最终会向我们提供现实世界的有用信息。从财务角度看，现实世界由金钱构成，因此，资产负债表和利润表必然和现金流量表存在逻辑关系。

这种关系，你在普通的交易中就可以看到。下面以赊销100美元为例：

- 资产负债表上的应收账款增加了100美元。
- 利润表上的销售收入增加了100美元。

当客户把账单付清之后，发生的变化是：

- 应收账款减少了100美元。
- 现金增加了100美元。

这些变化都是在资产负债表上发生的。但是，客户付款涉及了现金，所以这次交易也影响现金流量表。

你可以用这种方式观察各种交易的影响。假定一家公司购买100美元的存货，资产负债表上有两个变化：应付账款上升100美元，存货上升100美元。当公司支付货款之后，应付账款下降100美元，存货下降100美元，这些变化又是都发生在资产负债表上。当存货被出售之后（被零售商直接出售，或者被制造商生产成产品），利润表会记载100美元的产品成本。这些交易的现金部分——最初支付应付账款的100美元、最后从销售货物中收回的钱，都会列在现金流量表上。

所以，这些交易最终都会对利润表、资产负债表、现金流量表产生影响。事实上，绝大多数交易都会同时影响这三张报表。为介绍更多的表间联系,让我们带你顺着会计的方法,看看如何用一份利润表和两份资产负债表计算出现金流。

调节利润和现金

第一步,将利润调节为现金流。在此,要你回答的问题相当简单:假设我们的利润是 x 美元,那么这对现金流的影响是多少?

我们从净利润开始计算,其原因是:如果所有的交易都是现金交易,并且没有折旧等非现金费用,那么净利润和经营现金流就是相同的。但是,在大多数企业里,并非全部交易都是现金交易,我们需要确定利润表和资产负债表中的哪些项目会增加或减少现金,或者说,哪些项目导致经营现金流和净利润的差异。就跟会计师说的那样,我们需要找到净利润的"调整项目",把这些调整项目和净利润加总之后,我们就能算出现金流的变化是多少。

应收账款就是一个这样的调整项目。在任何期间内,公司收回应收账款都是获得现金,减少资产负债表上的应收账款。但是与此同时,公司仍在做赊销,这会增加应收账款。我们看看两张资产负债表之间应收账款变化了多少,就能算出上述两种交易的现金流。(记住,每张资产负债表都是在一个特定日期编制的,所以将两张资产负债表互相对比时,就能看出这期间发生了什么变化。)

假如你的公司在月初的资产负债表上有 100 美元应收账款,本月你收回 75 美元现金,还赊销了 100 美元。你可以这样计算月末的应收账款:

$$100 - 75 + 100 = 125$$

因为你月初有 100 美元应收账款,应收账款从期初到期末的变化是

25 美元。注意，这一变化额也等于新增的销售收入（100 美元）减去收到的现金（75 美元）。换个说法：收到的现金等于新增销售收入减去应收账款的变化。

调 节

这是会计术语。调节，意思是把企业资产负债表上的现金数和企业在银行实际存的现金数核对相符。就跟核对你的支票记录本一样，只是企业的规模更大一些而已。

折旧也是一个这样的调整项目。在计算净利润的过程中，要从营业利润中减去折旧。如我们所知，折旧是一种非现金费用，对现金流没有影响，所以你必须把它加回去。

以初创公司为例

懂了吗？可能还是不懂吧。我们以一家非常简单的初创公司为例，它在第一个月有 100 美元的销售收入。这个月的销售成本是 50 美元，其他费用是 15 美元，折旧是 10 美元。你知道，本月利润表如表 18-1 所示。

表 18-1 利润表　　　　　　　　（单位：美元）

销售收入	100
销售成本	50
毛利润	50
费用	15
折旧	10
净利润	25

我们假定所有的销售都是赊销，尚无现金入账，所有的销售成本也

都是欠账未付。使用这些信息，我们编制出资产负债表（见表18-2）。

表18-2　资产负债表　　　　　　　　　　（单位：美元）

	月初	月末	变化
资产			
应收账款	0	100	100
负债			
应付账款	0	50	50

现在，我们可以迈进一步，开始编制现金流量表。此处有一重要规律：如果一项资产增加，同时现金减少，那么我们就从净利润中减去这部分。对于负债，则正好相反：如果负债增加，同时现金增加，那么我们就给净利润加上这部分。

计算过程如下。

用：净利润	25
减去：应收账款的增加	−100
加上：应付账款的增加	50
加上：折旧	10
等于：现金净增加	15

你能看出以上计算是正确的，因为这个月唯一的现金支出就是15美元的费用。然而在一家真正的公司里，你不能仅凭目测就判断正确与否，所以你要按同样的规则，仔细地把现金流量表编出来。

以一家真实的公司为例

我们换个复杂的例子试试。为方便阅读，我们把假想企业的利润表

（见表 18-3）和资产负债表（见表 18-4）列示出来，本书附录里有它的财报。

表 18-3 利润表　　　　　（单位：百万美元）

	2012年1月1日～2012年12月31日
销售收入	8 689
销售成本	6 756
毛利润	**1 933**
销售费用、日常费用和管理费用	1 061
折旧	239
其他收益	19
息税前利润	**652**
利息费用	191
税金	213
净利润	**248**

表 18-4 资产负债表　　　　　（单位：百万美元）

	2012年12月31日	2011年12月31日
资产		
现金和现金等价物	83	72
应收账款	1 312	1 204
存货	1 270	1 514
其他流动资产和应计费用	85	67
流动资产合计	2 750	2 857
土地、厂房和设备	2 230	2 264
其他长期资产	213	233
资产总计	**5 193**	**5 354**
负债		
应付账款	1 022	1 129
信用借款	100	150
一年内到期的长期负债	52	51
流动负债合计	1 174	1 330
长期借款	1 037	1 158
其他长期负债	525	491
负债总计	**2 736**	**2 979**
所有者权益		

	2012年12月31日	2011年12月31日
		（续）
普通股，每股面值1美元（批准发行1亿股，2011年和2012年实际发行7 400万股）	74	74
资本公积	1 110	1 110
留存收益	1 273	1 191
所有者权益总计	**2 457**	**2 375**
负债和所有者权益总计	**5 193**	**5 354**
2012年的会计报表附注：		
折旧	239	
普通股（单位：百万股）	74	
每股收益（单位：美元）	3.35	
每股股利（单位：美元）	2.24	

编制现金流量表的逻辑，和前面那个简单例子一样：

- 找出资产负债表上不同时点之间的所有变化。
- 确认每一个变化是增加还是减少现金流。
- 然后在净利润基础上加上或减去这些变化的金额。

如表18-5所示是具体做法。

表18-5 编制现金流量表的具体做法

你看到的	你要做的
从净利润248开始	—
折旧是239	把这项非现金费用加到净利润上
应收账款增加了108	资产增加了。从净利润中减去此数
存货下降了244	资产减少了。把此数加到净利润上
其他流动资产增加了18	从净利润中减去此数
PPE（土地、厂房、设备）增加了205（调整239折旧之后）①	从净利润中减去此数
其他长期资产减少了20	把此数加到净利润上
应付账款减少了107	负债减少了。从净利润中减去此数

（续）

你看到的	你要做的
信用借款减少了 50	从净利润中减去此数
一年内到期的长期负债增加了 1	负债增加了。为净利润加上此数
长期借款减少了 121	从净利润中减去此数
其他长期负债增加了 34	把此数加到净利润上
所有者权益增加了 82[②]	—

① 为什么我们在查看 PPE 资产变化时要调节折旧呢？记住，每年资产负债表上的 PPE 资产都会因计提折旧而降低相应的价值额。所以如果你有一辆卡车是花 10 万美元买的，买车之后立即编制的资产负债表上，PPE 资产会包括这辆 10 万美元的卡车。如果这辆卡车每年折旧 1 万美元，那么在第 12 个月月末，PPE 资产里的这辆卡车就是 9 万美元。但折旧是非现金费用，而我们想得到的是现金变动情况，我们就得把计提了多少折旧算出来、加回去。⊖

② 资产负债表附注中有股利信息，看见了吗？把每股股利乘以已发行股票数量，大致等于 1.66 亿美元（我们以 166 代表此数）。净利润 248 减去股利 166 等于 82——这就是所有者权益增加的准确数字，这就是以留存收益形式留在公司的净利润的数字。如果公司既不分红也不发行新股，则融资产生的现金流量就是 0，所有者权益的增减额就等于净利润或净亏损金额。

现在我们可以编出如表 18-6 所示的现金流量表。当然，有了这样一张数据丰富的资产负债表，你肯定得把现金的变化正确编入现金流量表项目。表 18-6 右列的文字说明了每个数字的来源。

表 18-6　现金流量表　　　　（单位：百万美元）

		2012 年 12 月 31 日
经营活动产生的现金流量		
净利润	248	利润表上的净利润
折旧	239	利润表上的折旧费用
应收账款	-108	从 2011 年到 2012 年的应收账款变化
存货	244	存货的变化
其他流动资产	-18	其他流动资产的变化
应付账款	-107	应付账款的变化
经营活动产生的现金流量净额	**498**	
投资活动产生的现金流量		

⊖ 此处的逻辑关系是 2 264 − 239 + 205 = 2 230，2 230 + 239 − 2 264 = 205。——译者注

（续）

		2012 年 12 月 31 日
土地、厂房和设备	-205	调节折旧之后的 PPE 资产变化
其他长期资产	20	资产负债表上该项目的变化
投资活动产生的现金净流量	**-185**	
融资活动产生的现金流量		
信用借款	-50	短期借款的变化
一年内到期的长期负债	1	一年内到期的长期负债的变化
长期负债	-121	资产负债表上该项目的变化
其他长期负债	34	资产负债表上该项目的变化
应付普通股利	-166	支付的分红款
融资活动产生的现金净流量	**-302**	
现金的变动额	11	以上三部分的加总
期初现金	72	来自 2011 年资产负债表
期末现金	**83**	现金的净增加额 + 期初现金

"期末现金"，当然要等于 2012 年年末资产负债表的现金余额。

这个编表练习很复杂！但是，你可以体会到财报的表间关系充满了精妙之美。（也许只有会计人士可以体会到。）深入到表层之下，或者换个比喻——"体会不言之喻"，你就会发现所有数字都是互相联系的。你的财务智慧正在提升，你对财务艺术的鉴赏力也在提升。

| 第 19 章 | Financial Intelligence

为什么现金极其重要

当然,此时此刻,你可能在自言自语:"这么麻烦啊,我不想学了,不学又能怎么样?"

首先,我们看看示例公司的现金流量表揭示了什么。从运营角度看,该公司赚取现金的本领很强,经营活动的现金流量远高于净利润。存货下降了,可以据此推断公司经营趋好,所有这些,都有助于优化现金状况。

不过,我们也能看到,该公司新增设备投资不多。折旧高于新增设备投资,这让我们怀疑,管理层是否对公司未来前景抱有信心。与此同时,公司向股东的分红很不错,这可能表明,他们更看重公司提供现金的能力,而非未来发展潜力。(许多成长期的公司不做高额分红,因为它们要把利润留在企业投资于业务。有些公司根本就不分红。)

当然，这些都是示例公司的假设情况。若想洞悉真相，须对公司有更多了解，比如公司属于哪个行业等，这是财务智慧的全局视角。但如果你已经了解了这些，那么现金流量表将为你揭示更深的内幕。

接下来，我们从你本人的公司经理人视角、按你公司现金流情况来做具体讨论。我们认为，阅读并弄懂现金流量表有三大原因。

理解现金流量表可以带来力量

首先，了解公司的现金状况，有助于你知晓公司目前状况、未来业务发展方向，以及公司高层可能会优先考虑哪些事项。你不仅需要知道整体现金状况健康与否，特别还要知道现金流是怎么来的。如果现金流来自经营业务，那么这是好事，表明公司的业务可以产生现金。如果投资现金流是一个很大的负数，就意味着公司没有对未来投资。筹资现金流呢，如果有投资的资金流入，这是看好公司未来的乐观信号，但是也可能表明公司在靠拼命发行股票来维持运营。阅读现金流量表会提出很多问题，但这些问题都是应该问的，比如，有没有归还贷款？为什么还？为什么不还？有没有买新的设备？这些问题的答案会把公司高层的许多发展计划都体现出来。

其次，你能影响现金流。正如我们前面说过的，经理人应当兼顾利润和现金，当然，经理人对现金的影响仅限于经营现金流，但这已经是个非常重要的指标了。例如：

- 应收账款。如果你在销售部门，你的客户付款及时吗？你和客户的关系怎样，有没有良好到可以讨论付款条件？如果你在客户服务部门，你为客户提供的服务能促进他们按时付款吗？产品没缺陷吧？发票开得准确吗？公司收发室及时寄出发票了吗？前台接待员的服务对客户有帮助吗？所有这些因素都能决定客户对公司的感受，并间接影响他们的付款速度。心怀不满的客户不会及时付款，他们会等所有问题解决之后才付。

- 存货。如果你在工程部门，你有没有总想要特别的产品？若是，则存货会成为你的噩梦。如果你在经营部门，并喜欢储备很多存货以防万一，你很可能搞成这样的情况：当各处都需要现金的时候，现金却变成了库存，躺在货架上。通过学习和应用丰田公司首创的精益生产原理，制造业和仓储业的经理人通常都能大幅降低库存。

- 费用。能推迟付款的时候，你推迟了吗？当你采购时，你考虑支付现金的时机了吗？显然，我们不是说只要推迟支付就对，我们的意思是，当你决定花钱的时候知道会对现金流产生什么影响，并将这个影响也考虑在内，才是明智的。

- 信用额度。你是不是太轻易给潜在客户发放信用额度了？或者，该给信用额度的时候，有没有不给？这两种决策，都会影响公司的现金流和销售收入，所以信用部门总是小心翼翼地在两者之间寻求平衡。

类似例子还有很多。比如你是一家工厂的经理，你总是建议多买设备，准备应对大量新增订单。比如你在IT部门，你建议公司的计算机系统永远升级到最新版本。公司高层对此非常清楚：所有这些决策都会影响现金流。如果你想让你的建议奏效，那么你自己就要明白高层看到的是什么数据。

最后，懂现金流量表的经理人能比只懂得关注利润表的经理人担负更多责任，因此也能晋升更快。在本书下一部分，我们将教你计算各种比率，比如应收账款周转天数（DSO），这是衡量公司回收应收账款效率的一个关键指标。应收账款回收越快，公司的现金状况越好。你可以去对财务部门的人说："跟你说啊，过去几个月咱们公司的应收账款回收天数走势不妙，我怎么帮助扭转局面呢？"或者，你可以学习精益企业生产原理，这一原理的重中之重就是让企业保有的库存最低，一位经理人如能带领公司转型精益生产，就会释放出大量现金。

总结一下，我们的观点是，现金流和盈利能力、所有者权益一样，是公司财务健康度的关键指标，你要从这三个方面来评价公司的财务健康度，而现金流指标是这三方面中的最关键一环。这也是财务智慧第一阶段的最关键一环。现在，你对三张财务报表都有了很好的理解，接下来我们进入下一个阶段——把这些信息用于工作。

工具箱

自由现金流

几年前,华尔街最喜欢的指标是 EBITDA,即扣减利息、税金、折旧、摊销之前的利润。银行喜欢这个指标,是因为认为它能指示未来现金流。但是,接下来遇到了双重打击。在20世纪90年代末的互联网繁荣时期,世通公司其实是在做假账,因此其 EBITDA 数据并不可信。当2008年金融风暴来袭时,投资者和贷款人对任何来自利润表的指标都更加警惕。他们知道利润表中充斥着大量的假设和估计,所以表上的利润数字不一定是真的。

所以,如今华尔街有了新的热门指标:自由现金流。有些公司多年来一直关注自由现金流,沃伦·巴菲特的伯克希尔·哈撒韦公司就是最好的例子,尽管巴菲特管这个指标叫作"所有者收益"。

计算自由现金流的方法有好几种,最常见的是简单的减法:

$$自由现金流 = 经营现金净流量 - 净资本支出$$

这些数据都直接来自现金流量表。经营现金净流量(或者"经营活动产生的现金净流量")是现金流量表第一部分的总和。净资本支出是购买土地、厂房、设备的支出,是现金流量表投资部分的项目之一。我们使用"净资本支出"这个词,是因为很多企业把出售资本性设备收到的钱(投资部分的另一行数字)加回来了。在此请注意,净资本支出几乎总是正数,这可能会使人感觉迷惑。○别管正负号,直接从经营现金净流量中减去净资本支出的绝对值就行了。例如,使用本书附注中的财报样本,该公司的自由现金流就是4.98亿美元(经营现金净流量)减去2.05亿美元(投资于土地、厂房和设备的支出),等于2.93亿

○ 作者前文说过,支出都是负数。——译者注

美元。

投资者之所以选择这一指标，是因为现金不受假设和估计的影响，也很容易审计。除非公司是在彻底撒谎（这种谎言总是会很快败露），否则报表所列的现金流就是的确存在的。此外，每当资本市场处于非正常状态时（自 2008 年以来经常如此），最有实力投资未来的是那些可以自己产生现金流的企业。

从公司的角度来看，良好的自由现金流可以让企业做很多事情。公司可以扩大业务，进行收购，偿还债务，回购股票，或者向股东分红，而自由现金流微弱的公司则必须依靠外部融资才能做这些。还有就是，当然是你的自由现金流越多，华尔街就越看好你的股票。

巨头公司也会缺钱

在给《财富》杂志百强公司高管做财务培训时，我们讨论了现金的重要性，这时一位学员举手发言，她讲了一个故事。她说，那是 2009 年第一季度，资本市场相当惨淡，她的一位客户打来了电话。客户在这家《财富》百强公司有 1 亿美元信贷额度，希望提走全部款项。她表示反对，因为客户的资产负债表上看起来现金充裕。但客户就是坚持要提钱。

所以，这位高管联系了公司财务部，要求把钱转到那位客户的账上。对于这样一家大公司而言，这个汇款要求乃是常事，但这一次，出纳室告诉她，公司的钱不够做这笔转账了。这位高管非常震惊，"我没听错吧？"她问。然后她说："你不会真的要我告诉客户，咱们公司没钱满足这个承诺过的信贷额度吧？"最后，出纳室主管请她联系 CEO 获得批准，并说自己和同事一定会努力找现金。后来他们终于找到了钱。

一家大型公司，怎么会濒临现金流断裂的情况呢？事实上，麻烦是藏在幕后的。2009 年年初，由于金融市场不稳，华尔街的商业票据市场关闭了一两周。商业票据包括短期票据、向大型稳定公司发放的贷款，通常的到期时间是30天、60天或者90天。许多大公司滚动发售面值几十亿美元的这类低息票据来满足其短期的融资需求。前面说的这家公司，就这样发售了相当多的十亿美元面值的票据。每周，都有几十亿到期，于是公司就用新票据替换这些旧票据，如此滚动。当票据市场关闭时，公司资金就出现了几十亿美元的缺口，要设法寻找资金弥补，那是非常艰难的。

第 五 部 分

比率：让数字说出真相

Financial
Intelligence

| 第 20 章 | Financial Intelligence

比率指标的力量

伊曼努尔·康德说过，眼睛可能是直达灵魂的窗口，但也可能不是。但比率指标绝对是直达公司财务状况的窗口，它们是了解公司财务的快速通道。

有一个经典故事，对此做出了很好诠释。1997年，臭名远扬的"电锯杀人狂艾尔"邓拉普，刚当上日光公司的 CEO。日光公司是一家独立的家电制造商。彼时，邓拉普在华尔街已经非常有名，并且有他自己的一套"作案手法"。每次他加入一家深陷困境的公司，都会解雇管理团队，用上他自己的人，立即以关闭工厂、出售工厂、解雇数千工人的办法削减开支。由于削减了开支，公司很快就能表面盈利，尽管只是暂时盈利。然后邓拉普随即安排出售公司，通常是溢价出售，这意味着他经常获得"股东价值捍卫者"的赞誉。他当上日光公司 CEO，这个消息让公司股票上涨了50%。

在日光公司，一切都按邓拉普的安排有序进行，直到他开始准备出售公司。那时他已经裁减了一半员工，从1.2万人减员到6000人，并报出高额利润。本书前文说过，华尔街对此给出的回报是，日光公司的股价高到了天上，并且成了极大的麻烦。当投资银行家们出售公司时，由于股价太高，他们很难找到潜在买家。而邓拉普的唯一希望，就是把公司的销售收入和利润抬高到足以证明股票溢价合理、让买家只能接受的水平。

会计欺诈

现在我们都知道，邓拉普和他的CFO罗斯·克什在第四季度使用了大量的会计欺诈手段，让日光公司虚假强大、虚假盈利。其中一种欺诈手段就是歪曲使用"开票持有"模式。

"开票持有"本来是便利零售商的一种销售模式。零售商希望购买大量产品以供未来销售，但在真正卖出产品之后才能向批发商支付货款。假如你有一个玩具连锁店，你希望在圣诞节期间有足够的芭比娃娃货源。有时，你在春天就去了美泰玩具公司，签订协议要买一定数量的芭比娃娃，并且提走货物，甚至允许美泰玩具公司为你开出账单，但你不会支付这笔货款，直到圣诞节来临，开始出售芭比娃娃的时候你才会付钱，现在你只是把芭比娃娃放在仓库里。于你而言这笔交易很划算，因为你需要芭比娃娃的时候立即就有，并且你可以等到现金流相当不错的时候再付这笔货款。于美泰玩具公司而言这笔交易也很划算，美泰可以将其算作销售收入并且立刻记账，虽然要等好几个月才能收到现金。

邓拉普认为，使用"开票持有"技术的变种，可以解决他遇到的问题。第四季度不是日光公司的旺季，因为它的产品大都适合夏季，比如燃气灶烤架。因此，日光公司找到沃尔玛和凯玛特这样的大型零售商，并向它们保证，只要肯在深冬购买，就能在夏季得到所有想买的烤架。零售商会立即收到账单，但是不用立即付款，等到春天，烤架真正放进商店的时候再付款就行。零售商对此反应冷淡，因为它们没地方放这些货物，也不想承担这些货物的冬季仓储费用。"这没问题，"日光公司说，"我们会为您处理一切，我们会在你们附近租个地方，并且承担所有仓储费用。"

据推测，零售商同意了这些条款，尽管在邓拉普被解雇之后进行的审计中，没有找到完整的书面证据。不管怎样，日光公司得逞了，由于使用"开票持有"骗术，它在第四季度多报了 3600 万美元的销售收入。这一骗术相当管用，能骗过大多数分析师和投资者，甚至也骗过了日光公司的董事会。1998 年年初，日光公司董事会奖给邓拉普及其团队一份薪酬丰厚的续签聘用合同。干了还不到一年，他们获赠了 3800 万美元的股票，主要就是因为第四季度的虚假耀眼业绩。

但是，有位分析师自邓拉普上任以来一直跟踪关注日光公司，这就是瑞银普惠投资公司的消费品分析师安德鲁·肖，他此时正仔细研究其财务状况。他发现一些怪事，比如第四季度的销售收入高于正常值。于是他计算了一个比率，叫作"应收账款周转天数"（DSO），发现这个指标非常高，远超应有水平。这反映出公司的应收账款实际上已经高出极限。这是一个坏兆头，所以他致电日光公司的一位会计，询问到底发生了什么，会计把公司的"开票持有"战略告诉了他。于是肖觉察到，日光公司其实是把本应在次年第一、第二季度确认的一大块销售收入提前放在了本年第四季度。发现这个"开票持有"戏法和别的有问题的操作之后，他迅速下调了日光公司股票的评级。

此后发生的事情已经成为历史。邓拉普试图坚持住，但日光公司股价暴跌，投资者不再相信日光公司的财报。最终，邓拉普被赶走，日光公司破产，而这一切都始于安德鲁·肖懂得挖掘表象之下的真相，并探究出到底发生了什么。应收账款周转天数这样的比率指标，对肖有用，对你也一样是有用的工具。

比率分析

比率，表示一个数字和另一个数字之间的关系，人们每天都要用到。一位棒球选手的打击率为 0.333，就表示击打和击中之间的关系为：每击打 3 次击中 1 次。中彩票大奖的概率是六百万分之一，表示售出大奖彩票（1）和售出所有彩票（600 万）之间的关系。比率指标无须任何复杂的计算，要算出这个指标，你只需要用一个数字除以另一个数字，然后用小数或者百分数表示结果即可。

评价一家企业时，不同的人会采用不同的财务比率指标，例如：

- 银行家和其他贷款机构会检查"权益债务率"这样的指标，这样就能知道一家公司有没有能力偿还贷款。
- 公司高管关注毛利率这样的指标，这能让他们看见上升的成本、不恰当的折扣。
- 信贷经理要评估潜在客户的财务健康状况，就使用"速动比率"指标，该指标是客户的现金同流动负债的比值。
- 当前股东和潜在股东关注市盈率这样的指标，这能帮他们判断一家公司的股价相对于其他公司的股价是高还是低，或者相对于该公司自己前几年的价值是高还是低。

在本部分，我们教你计算许许多多此类比率指标。计算指标的能力，也就是"读懂言外之意"的能力，乃是具备财务智慧的标志。学会计算比率，能让你对老板或者CFO提出一大堆中肯的问题。当然，我们还会教你如何使用比率指标来提升公司绩效。

比率指标之所以具有如此强大的力量，其实是由于财报本身的数字不能揭示所有情况。一家公司净利润1000万美元，其财务状况算健康吗？那可不一定！还要根据公司的规模大小、去年净利润、本年预计净利润以及其他各种因素来综合判断。如果你问净利润1000万美元是好还是坏，唯一可能的答案就是一则老笑话里某人的回答："要看跟谁比！"

比率指标提供了比较分析的切入点，因此告诉你的事情就能比原始数据更多。例如，利润可以和销售收入比较，可以和总资产比较，还可以和投资者投到公司的所有者权益比较。每一个不同的比率指标都表示一种不同的关系，都给你一种衡量"1000万美元净利润到底是好还是坏"的方法。正如我们即将看到的，财务报表上有很多数据都能用来计算比率指标。这些比率指标，会帮你搞清你看到的数字是有利的还是不利的。

还有，比率指标本身也可以互相比较。例如：

- 你可以将不同时期的比率指标进行比较。本年的利润占收入比是上升了还是下降了？这种水平的分析可以揭示某些强劲的趋势，如果比率变动的趋势不利，还能成为强大的预警信号。
- 你还可以将比率指标和预计值做对比。以我们将在这部分介绍的指标为例，如果你公司的存货周转率比预期值要差，你一定要知道是什么原因。

- **你可以将比率指标和行业平均值做对比。**如果你发现自己公司的关键指标比竞争对手要差,你一定要找出原因。其实,即便在同一行业,也不是所有公司都具有相似的比率指标。对大多数公司而言,指标值有一个合理的区间,当超出这个区间时,才值得你加以关注,比如日光公司的应收账款周转天数。

经理人和股东一般使用四种比率来分析公司业绩:盈利能力比率、杠杆比率、流动比率和经营效率比率。每种比率,我们都会为你举例说明。但是请注意,财务人士基于特殊考虑,可以将这些比率的计算公式修改一番。我们在客户那里经常见到这种情况,例如,一家位于硅谷的客户,出于业务原因,使用的公式极其特殊,因此,很难将其指标与竞争对手进行比较,而竞争对手也有自己的独特计算公式。修改计算公式并非说明他们在做假账,仅仅能说明人们是在运用自己的经验,获得对自己特定情况最有用的信息。(是的,连公式都是艺术。)我们要教的都是你需要优先学习的基本公式,每一种公式都提供了不同的视角,如同从四个不同方向的窗子看一座房子的内部那样。

几句警告

在开始之前,我们确实需要加几句注意事项。根据我们的经验,一些公司重点关注一两个指标,而忽略了其他重要指标,忽略了业务全景。例如,每家上市公司都关注自己的每股收益,这是投资者密切关注的一个指标。还有许多公司关注净利润率,从而忽略了别的能揭示其他领域不良现象的指标。

例如，20世纪90年代初，乔在福特公司工作时，被分派一项工作：为某类售后零件定价。福特公司希望整个生产线都能获得预定的利润率，并要求据此设定价格。乔负责的那条生产线生产的"野马"型汽车的老旧零件堆满了福特汽车的仓库，卖不出去。原因是，福特公司的定价太高，潜在顾客可以从旧货市场或者第三方销售商那里买到便宜很多的零件。

乔认识到，这些零件正在耗用福特公司的仓储空间，它们在资产负债表上列为存货，我们知道，存货是占用现金的。但是，当乔建议把零件打折出售以腾出库房、降低存货时，管理层的回答很简单：不行。他们说，如果这样做了，这条生产线就不能达到既定的利润率目标，所以他们从来没考虑过打折。

在我们看来，福特公司可能过于关注利润率这个比率指标，而忽略了可能反映出售零件能带来多少价值的比率指标。如果把零件打折出售，其利润率就会低于目标值，但是总利润会更高，因为若不打折的话零件根本卖不出去。此外，公司还能腾出库房空间，并将部分存货转化为现金，资产回报率、自由现金流、资产周转率以及其他若干指标等都会有所改善。

再给一个警告：当你研究比率指标时，你还需要考虑数字总额的价值。如果沃尔玛的利润率为3%，而年度销售收入为4000亿美元，那它就比一家利润率为30%、年度销售收入为5000万美元的企业赚钱多得多。尽管比率指标已经是有难度的财务问题，但你还是需要再把它和相关情况相结合，才能看透企业的全局。

Financial Intelligence | 第 21 章

盈利能力比率：大多数时候越高越好

盈利能力比率可以帮你评价一家公司获取利润的能力。这类比率有几十个，这也是财务人员这么忙的原因之一。但在此我们要关注最重要的、大多数经理人需要理解并使用的比率。盈利能力比率是最常见的比率，你若学会了，就能在财报分析方面起步良好。

但是在深入研究之前，请务必牢记，我们面对的数据是具有艺术特性的。盈利能力衡量的是一家公司创造销售收入和控制成本费用的能力。这些数字并非完全客观。销售收入何时记账要按规则来做，成本费用经常靠估计，如果不说是靠猜测的话。收入和成本费用中都存在若干假设。因此，利润表上的利润数字是财务艺术的产物，以这些数字计算出的比率本身也就反映了这些假设和估计。我们并不是说要"把孩子和洗澡水一起泼掉"，这些比率仍然是有用的，只要你记住估计和假设一直都是变来变去的。

现在，开始介绍我们说过的 5 个盈利能力比率。

毛利润率

你肯定没忘记，毛利润等于收入减去产品销售成本。毛利润率，经常被称作毛利率，等于毛利润除以收入，并以百分比表示结果。看看本书附录中的利润表表样，我们用它作为例子，计算所有的比率。毛利率的计算过程如下：

$$毛利率 = \frac{毛利润}{收入} = \frac{1\,933\ 美元}{8\,689\ 美元} = 22.2\%$$

毛利率表示产品或服务自身本来的盈利能力，不考虑期间费用等费用支出。它告诉你每销售 1 美元可以赚取多少利润（在这个例子中是 22.2 美分），并且间接告诉你为生产产品或者提供服务，你需要支出多少直接成本（产品销售成本或者服务成本）。（在本例中，每 1 美元销售收入要支出 77.8 美分产品销售成本或者服务成本。）因此，这是衡量一家公司财务健康度的关键指标。毕竟，如果你的产品或服务的价格没有超过成本并有余力支付其他公司费用，那么你就赚不到净利润。

毛利率的趋势也同样重要，因为它可以显示出潜在问题。比如，一家公司在第一季度公告了高于预期值的巨额销售收入，但随后股价下跌，怎么会这样呢？也许分析师们已经注意到该公司的毛利率下降了，然后就猜想这家公司一定是打了相当大的折扣才有这么高的销售收入的。总的来说，毛利率的趋势是下降的，意味着二者之一或者二者兼有：要么是公司面对巨大的价格压力，销售人员被迫打折，要么就是材料和劳动力成本上升了，推高了产品销售成本或者服务成本。因此，毛利率可以作为一盏预警灯，指明市场上的有利或不利趋势。

营业利润率

营业利润率百分比，即营业利润率，是衡量公司赚取利润能力的更全面的指标。记住：营业利润或者 EBIT 等于毛利润减去经营费用，所以营业利润的水平表明从经营角度看，一家公司的整体营业水平好不好。营业利润率等于营业利润除以销售收入，结果以百分比表示：

$$营业利润率 = \frac{营业利润（EBIT）}{销售收入} = \frac{652 \text{ 美元}}{8\,689 \text{ 美元}} = 7.5\%$$

营业利润率应是经理人关注的关键指标，并非只因很多公司把奖金与之挂钩，更重要的原因是非财务部门的经理人除此之外就无法控制诸如利息、税金等其他因素了（营业利润减去利息、税金等就得到净利润）。因此，营业利润率是反映经理人整体工作如何的一个不错的指标。营业利润率的趋势是下降的，等于为公司亮起了闪烁的警示灯，表明成本费用比收入增长得快，这可不是什么好兆头。和毛利率一样，当你看百分比而不是看原始数字的时候，你更容易看清经营业绩的趋势，百分比的变化不仅能显示变化趋势，还能显示变化幅度大小。

净利润率

净利润率百分比或者净利润率，说的是一家公司每 1 美元销售收入减去该 1 美元销售收入所包含的所有开支（比如人工、供应商货款、贷款利息、税金）之后，还能剩下多少。它也被称为"销售利润率"，即 ROS。它等于净利润除以销售收入，和前面两个比率一样，结果用百分比表示。

$$净利润率 = \frac{净利润}{销售收入} = \frac{248\ 美元}{8\ 689\ 美元} = 2.9\%$$

大家知道，净利润是利润表的最后一行，所以净利润率也叫末行比率。但是，不同行业的净利润率差异非常大。例如，在大多数零售业中，净利润率都非常低。在某些制造业，净利润率相对较高。若欲做比较，最好将一家公司的净利润率和以前期间做对比，或者和同行业相似公司做对比。

至此，我们提到的比率计算中，所用数字都来自利润表。现在我们介绍一些不同的盈利能力指标，它们的取数既来自利润表，也来自资产负债表。

资产收益率

资产收益率或称 ROA，告诉你投入业务中的每 1 美元，能有多少变成利润回到你手里。这一指标并不像我们前面提及的那样直观，但其基本原理并不复杂。每家企业都要向生产经营中投入资产：现金、设施、机器、装备、车辆、存货，等等。制造业企业可能有大量的资本被厂房和设备占用。服务业企业则可能有昂贵的计算机和电话系统。零售商需要储备大量存货。所有这些资产都列在资产负债表上。资产总额表示有多少钱被企业用于获取利润，无论这些钱是以什么形式存在。ROA 直接展示了公司利用资产创造利润的效率，这一衡量指标可以用于任何行业、任何规模的公司，用来比较它们的业绩。

ROA 的计算公式（用了样表数据）很简单：

$$资产收益率 = \frac{净利润}{总资产} = \frac{248 美元}{5\ 193 美元} = 4.8\%$$

与前文提及的利润表比率相比，资产收益率还有另一个不同的特点。毛利率和净利润率很难过高，虽说你总是希望它们尽可能高，但是 ROA 可以非常高。如果一家公司的 ROA 高于行业水平，则可能表示这家公司没有为未来新增资产投资——没有投资购买新的机器设备。果真如此，则公司的远景堪忧，无论其 ROA 此时看起来多好。（但是，在评价 ROA 时要记住，不同行业的水准变化很大，服务业和零售业需要的资产比制造业要少，其利润率也较低。）

ROA 非常高的另一种可能是，公司高管在资产负债表上要了花招，使用各种会计伎俩减少了总资产数值，从而使 ROA 貌似更好看。记得安然公司吧？就是 2001 年倒闭的那家能源公司。安然公司设立了很多合伙企业，由其 CFO 安德鲁·法斯托和别的高管参股，然后安然公司把资产"卖给"这些合伙企业。安然的利润表中列示了从这些合伙企业获得的利润，但这些合伙企业的资产却在安然的资产负债表上杳无踪迹。安然公司的 ROA 很高，但它并非一家健康的企业。

投资收益率

为什么我们的盈利能力比率中没有投资收益率（ROI）？原因是，这一术语有很多不同的含义。传统意义上的 ROI 和 ROA 意义相同，都是指资产收益率。但如今，它也可能指某一特定项目的投资回报。比如，这台机器的 ROI 是多少？培训工作的 ROI 是多少？收购新公司的 ROI 是多少？人们对成本和收益的衡量不同，ROI 的计算公式就不同。本书第六部分将继续讨论 ROI 相关问题。

权益报酬率

权益报酬率（ROE）略有不同：它告诉我们投资于企业的每 1 美元能有多少利润回报。回忆一下资产和权益的不同：资产是指公司有什么财产，权益是指根据会计规则计算出来的净资产。

与其他盈利能力比率一样，我们可以把一家公司的权益报酬率和其竞争对手比较。（还可以和其他行业的公司比较。）不过，这种比较并非永远简单。例如，A 公司的 ROE 比 B 公司高，是因为 A 公司借的钱比 B 公司多——A 公司负债比例相对高，权益比例相对低。这是好事还是坏事呢？答案取决于 A 公司是不是承担了过高的风险，或者它是不是在聪明地利用借款来增加收益。这就涉及权益负债率这样的比率，我们将在第 22 章讨论。

先不管别的，ROE 的计算公式（用了样表数据）如下：

$$权益报酬率 = \frac{净利润}{所有者权益} = \frac{248\ 美元}{2\ 457\ 美元} = 10.1\%$$

从投资者的角度看，ROE 是一个关键比率。投资者购买国债，根据不同的利率可能赚取 2%、3% 或者 4% 的利润，这是极其接近无风险收益率的投资收益了。所以，如果有人要把钱投入公司，他会要求一个更高的权益报酬率。ROE 并不详细说明他最终将从公司中获得多少现金，因为这取决于公司的分红政策，以及他卖出时的股票价格。但 ROE 仍是一个好的指标，可以衡量公司赚取利润的能力，以及是否值得投资者承担各种风险去投资。

净资产收益率、总资本回报率、投入资本回报率、已用资本回报率

许多公司使用更为复杂的比率来衡量其业绩，这些比率有净资产收益率（RONA）、总资本回报率（ROTC）、投入资本回报率（ROIC）、已用资本回报率（ROCE）。具体到每家企业，可能使用不同的公式来计算这些比率，但基本上都是在衡量同一件事情：对于外部投资者和资金方而言，企业的回报是多少。换句话说，这些比率回答的是一个问题：公司使用的是"别人的钱"，公司是否赚足了利润，表明配用那么多"别人的钱"？

这些比率的通用计算公式如下：

$$比率 = \frac{息前税后净利润}{总权益 + 总利息 - 背负的债务}$$

公式里的分子通常被称作 NOPAT，表示税后净营业利润。它表达的是，在以下情况下，公司可以赚多少钱：

- 没有债务。
- 因此也没有利息费用。
- 必须为营业利润缴税（债务利息是免税的）。

在 RONA 计算中，上述公式中的分母是总资产减去无息债务带来的资产，比如应付账款和应计费用。在 ROCE、ROIC 或者 ROTC 计算中，上述公式中的分母是权益总额加上所有带息负债。从根本上说，这些方法殊途同归。你要从债务中区别出哪些需要支付利息，哪些不需要支付利息。这种区别反映了一个事实，即经营一家企业所需的资金有相当一部分来自应计负债、应付账款以及递延税款。这些终归都是利润表上的

费用，但是这些欠款的债主却并不指望获得什么回报。

使用本书附录中的利润表和资产负债表样表，你可以计算这些比率，如下所示。为简单起见，我们省略了单位：

1. 计算公司的税前利润。这就是营业利润或者 EBIT 减去利息费用：652 – 191 = 461。

2. 确定公司的税率。利润表上有 213 是税款，计算可得 213/461 = 46%。这比大多数美国公司都高一些，通常美国公司的税率是 30%～40%。

3. 确定公司营业利润的税务负债：652×46% = 301。税后净营业利润（NOPAT）是 652 – 301 = 351。**这是所有比率计算式中的分子。**

4. 算出分母。第一步，把资产负债表上的所有带息负债加起来。在本例中，这类负债包括信用借款 100，一年内到期的长期负债 52，长期负债 1037，合计是 1189。资产负债表上的其他负债没有利息，虽然在现实世界中你需要多加研究来确定是不是真的如此，但事实通常都是如此。

5. 现在，把算出的数字和权益相加：1 189 + 2 457 = 3 646。所有来自外部的资本，加上公司的留存利润，就是比率计算式中的分母。

6. 最后，为这家公司计算出 RONA、ROTC、ROIC 或者 ROCE。

$$\frac{351}{3\ 646} = 9.6\%$$

这意味着什么？投入这家公司的每 1 美元，都在去年得到了 9.6% 的回报。如果这一比率高于预期值，那么向这家公司投了钱的股东们会很高兴；如果低于预期值呢，股东们就可能去寻找别的投资机会了。对于衡量公司整体资本的回报率，这些比率是必不可少的。

所有这些比率，都需要注意一点：它们是把来自利润表的利润和来自资产负债表的资本做比较。这就造成了一个问题：分子 NOPAT 表示在一个年度赚到的钱，但是分母（总资产）却是年底这个时点的数字。很多财务人士喜欢使用一年中几份资产负债表的平均数，来计算一个"平均总资本"，而不是直接使用年末数字。（更多论述在本部分后附的工具箱里面。）

无论你是在计算简单的还是复杂的盈利能力比率，都要记住一件事：分子是利润的某种形式，而利润经常是估计值。比率是有用的，尤其是用来画时间趋势图的时候。但我们不应误认为它们不受会计艺术的影响。

| 第 22 章 | Financial Intelligence

杠杆比率：平衡的艺术

杠杆比率可以让你看到，一家公司怎么使用债务融资，以及在多大程度上使用债务融资。对于很多人来说，债务都是一个沉重的词，它让人联想到信用卡、利息支付、企业的银行贷款等。但是，想想与此类似的家庭房产。只要一家人可以负担得起按揭贷款，就能靠债务住进房子里，否则纯靠自身能力可能永远也不能拥有房子。还有，房主支付的债务利息可以从应税收入中扣除，这就使得购房成本更低了。经营企业也是同样的道理：负债可以使企业的发展不必局限于股东的投资，并且真能够赚取利润增加权益。企业支付的利息同样也能从应纳税所得额中扣除。财务分析师对债务的定义就是杠杆。这一术语的含义是，通过使用大量负债，企业可以用少量的资本积聚大量资产，这就和人们可以使用一根杠杆来移动更重的物体一样。

在实际业务中,"杠杆"一词有两种概念——经营杠杆和财务杠杆。这两个概念是相关的,但也是不同的。经营杠杆是固定成本对变动成本的比率,增加经营杠杆意味着增加固定成本、减少变动成本。零售商使用更大、更有效率的商店,制造商建造更大、产能更高的工厂,都是在增加固定成本,但是它们都有希望减少变动成本,因为新资产的生产效率要比旧资产高。这些都是经营杠杆的例子。相比之下,财务杠杆仅仅是指一家公司的资产在多大程度上使用了债务融资。

任何杠杆都有可能让企业赚更多的钱,但也会让企业承担更多风险。航空业是一个例子,它兼有高经营杠杆和高财务杠杆,因为所有飞机都是固定成本,并且绝大多数飞机都是通过债务融资购买的。这种组合带来了巨大风险,当收入因某种原因下降时,公司并不容易削减其固定成本。2001年9月11日之后发生的事情差不多就是这样,航空公司被迫停飞了几周,航空业在短期内损失了几十亿美元。

这里,我们只关注财务杠杆,且只关注两个比率:权益负债率和利息保障倍数。

权益负债率

权益负债率简单易懂:它说明公司每1美元所有者权益对应多少负债。计算公式(用了附录中的样表数据)如下:

$$权益负债率 = \frac{总负债}{所有者权益} = \frac{2\,736}{2\,457} = 1.11$$

注意,这个比率通常不用百分比表示。计算所用的两个数字都来自资产负债表。

恰当的权益负债率是多少？与大多数比率一样，行业不同答案也不同。但是，很多公司的权益负债率远远大于1，也就是说，它们的负债比权益多。由于债务利息可以从公司的应纳税所得额中扣除，所以许多公司都使用债务融资，哪怕仅仅为一部分业务融资。事实上，权益负债率特别低的公司，可能成为杠杆收购的目标，管理层或其他投资者会举债买光其股票。

银行家们喜欢权益负债率。他们根据这个比率确定要不要给公司发放贷款。他们凭经验判断某一规模、某一行业的公司，其权益负债率是多少才算合理。（当然，他们也检查盈利能力、现金流以及其他指标。）对于经理人而言，了解公司的权益负债率，并将其与竞争对手的权益负债率比较，可以测知公司高管对承担更多债务是什么态度。如果这个比率很高，增加负债融资就困难了，因此，公司的扩张可能需要更多的权益性投资。

利息保障倍数

这个比率，银行家们也喜欢。它可以衡量公司的"利息风险"，也就是，对应于每年赚取的利润，公司每年必须支付多少利息。计算公式（用了附录中的样表数据）如下：

$$利息保障倍数 = \frac{营业利润}{年度利息费用} = \frac{652}{191} = 3.41$$

换句话说，这个比率显示的是公司支付利息的难度有多大。如果这个比率接近1，那就是一个糟糕的信号：公司的大多数利润都得拿去支付利息！如果这个比率非常高，通常表示公司有能力承担更多的债务，或者至少能付得起利息。

如果这两个比率之一过于恶化，也就是说，权益负债率过高或者利息保障倍数过低，会发生什么？我们认为，高管遇到这种情况，总是重点清偿债务，把两个比率扳回到合理范围内。但是财务艺术家经常有不同的想法。例如，一个奇妙的小发明叫"经营租赁"，它在航空等行业被广泛应用。公司从投资者那里租入而不是直接购买飞机等设备。支付的租赁费在利润表上列为费用，但在公司账本上却没有与之相关的资产和债务。一些已经过度负债的公司愿意高价租入设备，就是为了把这两个比率控制在银行家和投资者喜欢看的范围之内。你若想了解公司的债务情况，请务必计算这些比率，但是同时也请询问财务人员，公司是否使用了经营租赁这样类似负债的手段。

| 第 23 章 | Financial Intelligence

流动性比率：我们有能力支付账单吗

流动性比率告诉你一家公司履行财务支付义务的能力——不只是债务，还有工资、供应商货款、税金等。这些比率对那些极易耗尽现金的小公司尤其重要，但当大公司遇到财务危机时，这些比率也同样重要。不再絮叨航空业的案例了，但是近年来，颇有几家大型航空公司已经破产。我敢打赌，自那以后，专业的投资者和债券持有者一直都在观测流动性比率。

与上一章一样，我们只介绍最重要的两个流动性比率。

流动比率

流动比率衡量的是公司流动资产和流动负债之间的比值。还记得本书第三部分有关资产负债表的内容吗，会计意义上的"流动"一般指短于一年的期间。因此，流动资产是指能在一年内变成现金的资产，主要包括现金、应收账款、存货；流动负债是指必须在一年之内支付的债务，主要是应付账款和短期借款。

流动比率的计算公式（用了附录中的样表数据）如下：

$$流动比率 = \frac{流动资产}{流动负债} = \frac{2\,750}{1\,174} = 2.34$$

这个比率有可能很高，也有可能很低。在大多数行业里，流动比率接近 1 就是太低了，这时公司用尽收来的现金，才能勉强偿还到期债务。大多数银行家不会把钱借给流动比率接近 1 的公司。当然，流动比率小于 1，就真的是太低了，无论公司在银行存着多少钱。如果流动比率小于 1，就意味着公司会在下一年度内用光现金，除非能设法赚取更多现金，或者吸引投资者投入更多现金。

流动比率过高，说明公司坐拥巨款，但不曾用钱投资或者回报股东。例如，2012 年年初，苹果公司积累了 1000 亿美元的现金储备。（是的，你没看错，1000 亿美元。）让大多数投资者高兴的是，那年 3 月，公司宣布要向股东分红，这是多年来的首次。本书撰写时，谷歌公司在银行也有巨额现金。这两家公司的流动比率已经高到极点。

速动比率

速动比率也称为酸性测试比率，这个别名能让你了解它的重要性。速动比率的计算公式（用了附录中的样表数据）如下：

$$速动比率 = \frac{流动资产 - 存货}{流动负债} = \frac{2\,750 - 1\,270}{1\,174} = 1.26$$

请注意，速动比率的计算公式，就是分子减去了存货的流动比率计算公式。减去存货的意义是什么呢？流动资产中，几乎都是现金或者容易转化为现金的东西。例如，大多数应收账款都会在一两个月内收回，所以它们几乎等同于现金。速动比率表示的是，一家公司在不用出售存货的情况下，偿还短期债务的难易程度。存货占用资金太多的公司一定得明白，借款人和供应商会仔细研究它的速动比率，并且在大多数情况下，希望这个比例明显高于1。

第 24 章

衡量企业效率的比率：让资产发挥最大作用

效率比率可以帮你评估：你对资产负债表上那些关键资产、关键负债的管理效率如何。**"管理资产负债表"** 这句话应该浓墨圈点，因为大多数经理人的习惯是只关注利润表。但是想想看：资产负债表上列示的是资产和负债，而资产和负债总是在不停变化。如果你能减少存货，或者能加快收款速度，那么你会对公司的现金状况有短、平、快的影响。（我们将在第七部分详述如何管理资产负债表。）

存货周转天数、存货周转率

这些比率可能有点不易理解。计算它们的依据是：公司中的存货是流动的，可能流动得更快或者更慢，并且，它的流动速度多快，是非常重要的。如果你把存货看成"冻结的现金"，那么你卖掉存货收回现金的速度就越快越好。

我们先介绍一个著名的比率"存货平均周转天数"，即 DII（也称为库存天数）。本质上，它衡量的是存货在生产系统中停留的天数。分子是存货平均数，就是把期初存货和期末存货（都可以在资产负债表上找到）加起来，再除以 2。（有些企业只用期末存货作为分子。）分母是每天的产品销售成本，它衡量的是公司每天用掉多少存货。计算公式（用了附录中的样表数据）如下：

$$DII = \frac{平均存货}{每天的产品销售成本} = \frac{(1\ 270 + 1\ 514)/2}{6\ 756/360} = 74.2$$

财务人员经常按一年 360 天计算，仅仅因为这是一个整数。在本例中，存货在生产系统中停留了 74.2 天。这个数字是好还是坏？当然要依据产品、行业、市场竞争等具体情况做具体判断。

另一个衡量存货的指标——存货周转率，表示的是存货在一年之内周转多少次。如果公司所有存货都以相同的速度流动，那么存货周转率就是每年卖完存货并补货的次数。计算公式（用了附录中的样表数据）如下：

$$存货周转率 = \frac{360}{DII} = \frac{360}{74.2} = 4.85$$

在这个例子中，存货每年周转 4.85 次。但我们在此究竟是要衡量什么呢？这两个指标都是衡量公司运用存货的效率，存货周转率越高或者存货平均周转天数越低，表示公司对存货的管理越严格，公司的现金状况越好。只要你手里的存货可以满足客户的需求，那么运用存货的效率越高越好。2011 年 9 月，标靶连锁百货公司财务年度中的第四季度结束了,其存货周转率是 4.9,对于大型零售商而言,这是一个合理的数字。但是沃尔玛更加优秀,其存货周转率是 7.6。在零售业,存货周转率之间的差异可能就是成功和失败之间的差异,标靶连锁百货公司和沃尔玛都是很成功的企业,但是沃尔玛更胜一筹。如果你的工作职责和存货管理贴近,那你就要认真跟踪研究这一比率。(即便你的工作与存货无关,你也可以这样提问,没人可以挡住你:"嘿,萨利,我们的存货平均周转天数最近为什么上升了?")具备财务智慧的经理人,可以将这两个比率作为提高团队效率的工具。

应收账款周转天数

应收账款周转天数(DSO),也称为平均收款期、应收账款回款天数。它衡量的是收回销售款所花的时间,换句话说,就是客户支付账单的速度有多快。

这一比率的分子通常是期末应收账款,从资产负债表期末数中取得。(为何说"通常"?在某些情况下,应收账款在期末达到峰值,因此会计人员使用平均应收账款作为分子。)分母是每天的销售收入——年度销售收入除以 360。计算公式(用了附录中的样表数据)如下:

$$应收账款周转天数 = \frac{期末应收账款}{每天的销售收入} = \frac{1\ 312}{8\ 689/360} = 54.4$$

也就是说,该公司的客户平均要花大约 54 天时间支付账单。

当然,这里有一条快速改善公司现金状况的捷径。客户付款为什么要花这么长时间呢?是因为产品缺陷或者劣质服务惹得客户不高兴?是因为销售人员在谈判时把条件放得太宽?还是因为催款人员士气不佳或者效率低下？抑或是大家用的财务管理软件过于陈旧？应收账款周转天数的确会因行业、地区、经济环境、季节而变化，但就这家公司而言，如果能将此比率降至45天，甚至降至40天，其现金状况将会改善。这个例子阐明了一个极重要的现象：即便一家公司的收入和成本没有任何改变，细致的管理也能改善其财务状况。

对潜在并购对象做尽职调查时，应收账款周转天数也是关键比率。如果应收账款周转天数很高，则意味着客户不会及时付款，这就是不祥之兆。可能是顾客自身已经陷入财务困境，也可能是标的公司的经营和财务管理不佳，还可能是该公司在会计上耍了某种花招。到本书第七部分，讲营运资金管理时，我们会再次讨论应收账款周转天数，在此，只需注意，它是一个加权平均值。还有，对于做尽职调查的人士而言，检查应收账款账龄也非常重要，即某些发票的账龄有多久了，有多少发票是这样久的。很有可能是几笔大额、长期的发票扭曲了应收账款周转天数的数值。

应付账款周转天数

应付账款周转天数（DPO）表示一家公司平均花费多少天付清自己的账单。它和应收账款周转天数相似，公式（用了附录中的样表数据）也类似——用应付账款期末余额除以每天的销售成本：

$$应付账款周转天数 = \frac{期末应付账款}{每天的销售成本} = \frac{1\ 022}{6\ 756/360} = 54.5$$

换言之，该公司的供应商要等很长时间才能拿到货款，差不多相当于该公司收回应收账款要花的时间。

可是这个比率不碍公司什么事情啊？这不应该是供应商操心的事情

吗，根本用不着公司的经理人操心啊？表面上是这样，其实却并非如此。应付账款周转天数越高，公司的现金状况就越好，供应商就越不高兴。付款慢到著名的公司会发现，顶级供应商并不会为争夺业务而激烈竞争，而是开出高一点的价格、严格一点的条款。而 30 天快速付款的公司会发现供应商的条件完全相反。观察应付账款周转天数，能确保公司在保留现金和满足供应商之间，找到想要的平衡点。

土地、厂房和设备周转率

土地、厂房和设备（PPE）周转率告诉你，公司向土地、厂房和设备每投入 1 美元，能得到多少美元的销售收入。这个指标衡量的是建筑物、车辆、机器等固定资产创造销售收入的效率。计算公式（用了附录中的样表数据）很简单，就是用利润表的销售收入除以资产负债表期末的 PPE 资产：

$$PPE 周转率 = \frac{销售收入}{PPE} = \frac{8\ 689}{2\ 230} = 3.90$$

就数字本身而言，"每 1 美元 PPE 资产带来 3.90 美元收入"，并没有多大意义，但是将其和历史数据、和竞争对手的数据进行比较，就有了重大意义。在其他条件相同的情况下，PPE 周转率较低的公司，资产利用效率赶不上 PPE 周转率较高的公司。所以，分析这一比率的趋势，并分析行业平均值，就能看出你自己公司的效率如何。

但是请注意这个不起眼的前提——"在其他条件相同的情况下"。事实上，财务艺术家们可以对这个比率施加巨大影响。例如，如果一家公司的大多数设备都是租入而不是买入的，那么租来的设备可能就不会出现在资产负债表上，表面上的资产基数会较低，而 PPE 周转率就会较高。

有些公司把奖金和这个比率挂钩，这就鼓励了经理人去租赁而非购置设备。对于具体某个企业而言，租赁可能具有战略意义，也可能根本没什么战略意义。为了拿奖金而做出的租赁决策，是毫无意义的。顺便说一句，一项租赁要满足若干特定条件才能成为经营租赁（不在资产负债表上列为资产）而不是成为融资租赁（在资产负债表上列为资产）。所以在做任何租赁之前，都要和财务部门一起搞清这个问题。

总资产周转率

这一比率的思路和前面相同，但它是把收入与总资产，而不是仅仅与固定资产做对比。（记住，总资产包括现金、应收账款、存货、PPE，以及其他长期资产。）计算公式（用了附录中的样表数据）如下：

$$总资产周转率 = \frac{收入}{总资产} = \frac{8\ 689}{5\ 193} = 1.67$$

总资产周转率不只衡量固定资产的使用效率，它衡量的是所有资产的使用效率。如果你能减少存货，总资产周转率会上升。如果你能减少平均应收账款，总资产周转率会上升。如果你能增加销售收入同时保持资产不变（或以一个更慢的速度上升），总资产周转率会上升。对资产负债表做出任何管理动作，都会提升效率。观察总资产周转率，可以知晓你的管理工作做得好不好。

当然，除此之外还有很多比率。各种各样的财务专家大量使用这些比率。我们将在第25章看到，投资分析师也在使用它们。你的公司可能有适合自己的公司、行业自用比率。你要学会计算、使用、影响这些比率。但我们这里列出的，都是大多数经理人最常用的比率。

Financial Intelligence | 第 25 章

投资者观点：五大数字和股东价值

正如前文所说，我们这本书是写给企业人士看的，不是写给投资者的。但是投资者的观点总会影响企业管理决策，因为每家公司都得尽力取悦股东和债券持有人。即便对于私人控股公司的所有者和雇员，理解投资者观点也是很有好处的，因为投资者提出的指标很适合衡量企业财务健康度。所以本章讨论的问题是：投资者或债券持有人最关心哪些比率和指标？

我们认为，华尔街和其他外部投资者，在把一家公司当作被投资企业时，其实是以五个指标来评估其财务业绩或吸引力的。你可以把这些衡量指标记作"五大数字"。如果这五个指标都在良性发展，那么投资者保证会看好公司的前景。

这"五大数字"是：

- 年收入同比增长。
- 每股收益（EPS）。
- 息税折旧摊销前收益（EBITDA）。
- 自由现金流（FCF）。
- 总资本回报率（ROTC）或者权益报酬率（ROE）。

对于银行、保险等金融公司，ROE 是很合适的指标。

我们来简要看看这些指标。

年收入同比增长

不是每个公司都能增长。大多数小企业达到一定规模之后就停步不前，因为增长的机会有限。一些私人控股公司有极好的增长前景，但是其所有者愿意把生意做得相对小一点。（一本伟大的著作《小巨人》，作者是保·伯林翰，讲述了这种公司的许多故事。[1]）但是，当一家公司上市（把股票卖给外部投资者）时，就只能追求增长，除此之外别无选择。除非被投资企业的价值预计会与时俱增，否则投资者不会购买其股票。投资者希望看到股利不断上涨、股票不断升值，或者两者同时发生。无论要满足哪一个，公司都必须扩张业务。

多高的增长才是合理的？这取决于公司、行业、经济形势。一些高科技公司，比如谷歌，经历过爆炸式增长的时期。大多数成长型公司扩张极慢，保持每年 10% 的增长率，就是非常好的了。（根据贝恩咨询公司的研究，只有 10% 的跨国公司能在 10 年之中保持至少每年 5.5% 的收入和利润增长率，同时还能赚出资本成本。[2]）一些大公司将增长目标和所在国的 GPD（国内生产总值）增长挂钩，例如通用电气公司通常计划以 GPD 增长率的两到三倍的速度扩张业务。如果 GDP 增长率为 1%，通用电气增长率为 2% 或 3%，公司就能宣布胜利了。

每股收益

在每季度的财报电话会议上，每股收益经常是向投资者报告的第一个数字。它是用本季度或者本年的净利润除以该期间发行在外的股票数量。投资者预计每股收益和销售收入一样，都会与时俱增。在其他条件不变的情况下，每股收益增加意味着股价的上涨。在经济放缓时期，收入可能下降，但大多数公司会通过降低成本来保持每股收益的增长。在经济衰退时期，股东可以接受收入下降，但是不想看到每股收益下降。

息税折旧摊销前收益

在本书中，我们已经多次提及 EBITDA。这是一个很重要的指标，因为投资者和银行家将其视为衡量未来经营现金流量的恰当指标。贷款机构喜欢它，是因为该指标可以帮助它们评估一家公司偿还贷款的能力。股东们喜欢它，是因为该指标能在会计把折旧等非现金成本加进来之前衡量现金收益。我们前面说过，EBITDA 可以用会计手段操纵，但它并不像净利润那么容易操纵。一家强大、健康的公司，EBITDA 会在一段时间内保持增长。

顺便说一句，EBITDA 经常用于企业估值。许多公司的收购价、出售价都约定为 EBITDA 的倍数。

自由现金流

在第四部分的工具箱中，我们讨论过自由现金流。在任何投资者的衡量工具包中，它都是关键部分。如果一家公司的自由现金流是健康的并且是增长的，投资者就可以肯定其经营良好，并且股价会随时间而上涨。此外，自由现金流状况健康的公司，即使在很难获得投资或者债务资本的情况下，也能为自身增长提供资金。

但在这两个指标之上，还另有妙策：现在许多投资者用自由现金流除以 EBITDA，如果得到的数值较低，可能表明这家公司的自由现金流相对较低，只是通过会计手段让 EBITDA 显得好看而已。有些人把这个指标叫作现金转换值，有时用另一个公式计算，即用经营现金流除以 EBIT（而不是除以 EBITDA。）无论用哪种公式计算，这个指标都能说明公司将利润转化为现金的能力高不高。

总资本回报率或者权益报酬率

在第 21 章讨论过的总资本回报率（ROTC）告诉投资者，企业是否带来了足够高的回报，证明对该企业的投资是值得的。权益报酬率（ROE）是评估金融企业最常用的指标。例如，一家银行以存款的方式借入资金，然后将这些存款借出去，就这样赚钱。ROTC 并不适合用来评价金融企业，因为银行欠储户的债务是其业务的一部分，而不是资本的一部分。ROE 是衡量业绩更好的指标。

市值、市盈率和股东价值

除了"五大数字"之外，投资者还研究许多别的比率和指标，其中最常见的三种是市值、市盈率和通常所说的股东价值。

一家公司的市值，就是股价乘以发行在外的股票数。它代表这家公司在某一天的总价值。如果一家公司发行在外的股票有 1000 万股，该公司在星期二的股价是 20 美元，那么这一天的市值就是 2 亿美元。许多大公司的市值远超 1000 亿美元。在 2011 年年末，苹果公司的市值是 3750 亿美元，IBM 的市值接近 2200 亿美元。

虽然市值能向投资者表明一家公司值多少钱，但公司的账面价值就是资产负债表上的所有者权益值。大多数公司的市值都比其账面值高得多。有些投资者，比如沃伦·巴菲特，喜欢看"市净率"这个指标。巴菲特经常试图寻找市值接近甚至低于账面价值的公司。

市盈率是用当前股价除以上年的每股收益。历史上，大多数上市公司的市盈率在 16～18 之间。市盈率高的公司，被认为有较高的增长潜力；市盈率低的公司，被认为增长缓慢。投资者经常试图找到市盈率低于他们认为的合理水平的公司。在 2011 年年末，苹果公司和 IBM 的都在 14.6 左右。

在某种意义上，所有这些指标都是关于股东价值的指标。但是"股东价值"一词，出现在多种多样的文章段落里，有着各种不同的含义。有时，它仅仅指的是市值，有时指的是预期未来现金流（毕竟，这是投资者购买股票时买入的东西），有时指的是投资者希望实现的红利、股价或两者随着时间的增长。一位CEO可能在他的年度信函中写道："我们的目标是增加股东的价值。"他用的是哪个含义并不重要，因为无论哪个含义的股东价值增加，都对股东有利。

增加股东价值，不仅仅对股东重要，对每一位公司员工都很重要。股东价值比过去高或者比竞争对手高，都意味着财力更强大。放贷人喜欢贷款给实力雄厚的公司，投资者也喜欢对其投资。与实力微弱的公司相比，强大的公司在经济艰难时期更容易生存，在经济繁荣时期更容易兴旺发达。这种公司更容易为员工提供工作保障和晋升机会，当然更能提供稳定的薪水和年度加薪。客户也喜欢强大的公司，它们的定价比弱小公司更灵活，并且很可能在下个月乃至下一年都处于行业领先地位。

决定股东价值的是什么？不仅是当前的财务业绩。例如，一家声誉卓著的生物技术公司即便尚未盈利也能有很高的市值，只因投资者预计它能在未来通过出售产品带来高额价值。与此相反，一家利润稳定、增长前景不佳的公司，其价值要比一家当前利润较低、未来希望极佳的公司低得多。

通常来说，股东价值取决于市场认知，而市场认知由以下因素驱动：

- 公司的当前财务业绩。
- 公司的未来增长前景。
- 公司未来的预期现金流。
- 公司业绩的可预测性，即相关风险水平。
- 投资者对管理层的专业水平和员工技能水平的评估。

……

当然还有很多其他因素，比如经济的整体状况、股市的整体状况、投机热度等。在任何时间点，投资者们都会对一家公司的"真实"价值产生意见分歧，这就是为什么有些人愿意以某个价格买入股票，而有些人愿意以这个价格卖出股票。

老练的投资者，总是关注本书中描述的会计指标：销售收入、销售成本、营业利润率，等等。他们关注公司的实物资产、存货、应收账款，关注间接费用的高低，以及其他许多指标。但他们也明白，投资是经济游戏，也是心理游戏。正如经济学家约翰·梅纳德·凯恩斯曾指出的，买股票，就像押宝谁会在选美比赛中胜出。你要选的不是你觉得最美的人，而是你认为别人觉得最美的人。股票也是如此：股价不仅在公司业绩优异时上涨，在许多投资者相信未来业绩更好时也会上涨。

我们希望，现在你能从两个角度认识比率的重要性，既从经理人的角度，也从投资者的角度。理解财务报表很重要，但它只是财务智慧之路的第一步。比率带你上升到另一层次，它们教会你怎样读出报表数据内含的深意，让你理解业务的真相。它们是非常有用的工具，可以用来分析你的公司，分析别的公司，还可以讲述公司的财务故事。

工具箱

哪些比率对你的企业最重要

行业不同，重要的比率也不同。例如，零售业很关注存货周转率：存货周转越快，其他资产（比如店铺）的利用效率越高。但是个别企业经常喜欢根据经营环境和竞争状况，制定自己的关键比率。例如乔的公司——定点公司，它是一家做项目的小公司，必须密切关注经营费用和现金。那么，定点公司的经理人最关注的比率是哪些呢？其一，自家设计的：毛利润除以经营费用。盯紧这一指标，可以保证公司的经营费用和公司赚取的毛利润相比，不至于相对超支。其二，流动比率，即流动资产除以流动负债。流动比率可以很好地衡量公司是否有足够的现金用来偿债。

你可能早已知晓你公司的关键比率是什么。如果你还不知道，那么试试询问CFO或其下属。我们保证，他们很容易回答这个问题。

重要的"占收比"

对于利润表上的项目，除了用美元表示金额之外，你经常能在数字的右边看见一列比率，它们表示每个利润表项目数值占销售收入的百分比。例如，销售成本可能是销售收入的68%，经营费用是销售收入的20%，等等。占收比数据可以用来画出时间趋势线。公司可以对此做更详细的分析，例如分析每个产品线的销售收入占比，或者分析零售业中每个店铺、每个区域的销售收入占比。占收比指标能给经理人提供比原始数据更多的信息，这就是该种指标的力量所在。占收比指标可以让经理人密切跟踪那些与销售收入相关的费用，否则他就很难知道费用是否与销售收入的升降方向一致。

如果你的公司没列出占收比指标，那么试试这个练习：找到最近三个时期的三份利润表,计算每个重要报表项目的占收比,然后研究这几个时期的计算结果。如果你看见别的项目都在下降,而某个项目独自上升了,那你就要想想为什么会这样,如果你不知道为什么,就去找知道的人请教。这个练习可以教你了解贵公司面对的竞争以及其他压力。

比率之间的关系

在数学上,比率是彼此相关的,这就和财务报表之间彼此相关一样。我们不会对此做过细的讨论,因为本书不是针对财务专业人士的。但是比率之间的一个关系值得说一说,因为它清晰印证了我们介绍过的道理:经理人可以通过形形色色的渠道影响企业的业绩。

首要事实是,企业的关键盈利能力指标之一是 ROA(资产收益率),这是一个极重要的指标,因为投入的资本是企业的燃料,如果一家公司不能兑现令人满意的 ROA,那么其资本流入就会断流。本书这一部分讲过,ROA 等于净利润除以总资产。

但是计算 ROA 的另一种方法是,用两个不同的比率相乘,得数就等于净利润除以总资产。具体如下:

$$\frac{净利润}{收入} \times \frac{收入}{总资产} = \frac{净利润}{总资产} = \text{ROA}$$

其中第一个因子"净利润除以收入",当然也就是净利润率,或者叫销售净利率(ROS)。第二个因子"收入除以总资产",就是第 24 章讨论过的总资产周转率。所以,净利润率乘以总资产周转率等于 ROA。

这个方程式清晰地表明,有两种渠道可以获得高一点的 ROA。一种是提高净利润率,可以通过提高销售价格,或者提供更多的产品或服务来实现,但如果你所在的市场环境竞争激烈,这么做是有难度的。另一种是提高总资产周转率,具体就是采取一系列措施:降低平均存货,降低应收账款周转天数,减少购买土地、厂房和设备。如果你无法提升净利润率,那就试试管理资产负债表的措施,这可能是你击败竞争对手、提升 ROA 的最佳途径。

公司不同，计算方法也不同

读完这一部分的章节，你可能认为，我们列出的公式就是"真正的"公式，例如总资本回报率就是净利润除以总资产，对吧？这可真不一定。我们列出了标准的公式，但即便已有这些公式，公司还是可能使用另外的独特方法去计算一些指标。会计师们需要让不同年度的计算方法保持一致，上市公司则必须披露各种比率使用了什么计算方法。但是当你要把不同公司的比率做个比较的时候，你需要问问它们，是不是每个比率的计算方法都是一样的。

最常见的差异就是资产负债表数据的差异。我们看看同一个例子——总资本回报率。其分母是总资产，来自资产负债表。当然，资产负债表上有两个时点，例如 2011 年 12 月 31 日和 2012 年 12 月 31 日。在标准计算公式中，我们使用最后一个时点的总资产数据，就是 2012 年 12 月 31 日的。(这也被称为期末资产，因为这是所有数据中最后一个时间点的数据。)

但是，有些公司不相信最后这个时间点的数据适合衡量总资产，因此它们使用的是"平均资产"，就是把 2011 年年末和 2012 年年末的数据加起来，再除以 2。或者，它们还可能使用 3、4 甚至 5 个季度的数据计算出"移动平均值"：每个季度结束时，用最新的数据替换公式中最旧的数据。

这很重要吗？有点重要。用移动平均值计算的结果趋向于平滑，用期末值计算的结果起伏较大。同样道理，大多数金融分析师会认为，用某种平均值计算 ROA 这样的比率更有意义。我们在第 21 章解释过，当你对利润表数据和资产负债表数据进行比较，例如拿净利润和总资产比较时，就如同拿苹果和橘子做比较。因为利润表衡量的是一段时期的收入或利润，而资产负债表列示的资产是某一时点的资产。因此，用整个期间的总资产的移动平均值，看起来比用期末那一个时点的总资产数值，显得更加合理。

不过，总而言之，精确的计算方法可能并不重要。记住，比率是用来观察一段时间内的趋势的，只要公司使用的计算方法前后一致，你就可以通过前后比较了解很多东西。

第六部分

怎样计算并真正理解投资收益率

Financial Intelligence

| 第 26 章 | Financial Intelligence |

投资收益率的基本概念

财务智慧，就是要从财务角度理解企业的运营，理解如何做出财务决策。本章讨论的原理，是美国公司某些资本投资据以决策的基础。

我们只需向绝大多数人稍微介绍一下被称为"货币的时间价值"的基础财务原理而不用说得过多，因为我们在个人理财中每天都用到它。我们有房贷和车贷，我们的信用卡欠账越来越多，而与此同时，我们把自己的钱放进有息支票、活期储蓄账户、货币市场基金、国库券、I 系列债券，以及好多其他种类的投资中。美国就是一个借债国，事实上，在 2011 年，美国政府因为借债过多而被降级。但它同时也是一个储蓄国、对外贷款国、投资国。因为所有这些活动都反映了货币的时间价值，所以，可以肯定的是，我们大多数人对此都有直觉上的理解。对此一无所知的人最终会败给这一规律，其代价可就真是昂贵得很了。

最简洁地描述一下货币的时间价值：今天你手里已有的 1 美元，比你明天才能收到的 1 美元，更值钱；与你 10 年后才能收到的 1 美元相比，那就超级值钱了。其原因是显而易见的：你今天已有的 1 美元是确确实实已拥有的，而明天才能收到（更不用说 10 年后才能收到）的 1 美元，却是有点不确定的，这事有风险啊。况且，你现在有 1 美元，今天就能拿去买点东西，如果你想花未来才有的 1 美元，你就必须等钱真正到手才行。根据货币的时间价值原理，所有借钱给别人的人，都想获得利息，而所有向别人借钱的人，都得支付利息。借款期限越长，风险就越高，利息费用也就可能越高。

当然，这里的原理是一样的，即便不用"利息费用"这个术语，即便预期的未来回报并非固定值，其原理也都是一样的。假设你买了一家高科技初创企业的股票，你肯定不可能收到利息，并且你可能永远得不到分红，但你希望以高出买入价的价格卖掉这些股票。实际上，你是把钱借给了这家公司，以期得到投资收益。如果投资能实现收益，那么真正实现的时候你把它当利息，用百分比计算一下。

这就是我们在这一部分要讨论的资本投资决策所依据的基本原理。为了在未来获得回报，企业就得把现有的钱拿去投资。如果你负责为购买新机器或者开设新的分支机构制订财务计划（本书后文将教你怎么做），那么你依赖的计算公式就会涉及货币的时间价值。

货币的时间价值只是基本原理，你在分析资本性支出时，还要用到三个关键概念：终值、现值、期望报酬率。一开始你可能感到困惑，但其实它们都不太复杂，它们都只是计算货币时间价值的简单方法。如果你能理解这些概念，并将其用于你的决策过程，你就会发现你对财务问题的想法更具有创造性（或许应该说更具有艺术性），简直就跟专业人士一样。

终 值

终值就是说，一笔钱如果被用于出借或者投资，它在未来的价值会是多少。在个人理财中，这是退休金计划常用的一个概念。35岁时，你可能在银行存有5万美元，你想知道这5万美元在你65岁时值多少钱，这就是5万美元的终值。在商业中，如果一家公司的利润每年都以固定的百分比增长，那么投资分析师可以预测该公司股票两年之后的价值。计算终值，可以帮助投资分析师向客户做出"投这家公司是不是好投资"之类的建议。

计算终值时，财务艺术家有广阔的发挥余地。例如一个退休金计划，在未来30年中，你假设平均收益率是3%，还是6%？不同的假设会带来巨大的差异：按3%计算，你的5万美元会增长到略多于12.1万美元（不考虑同期通胀影响）；按6%计算，这5万美元会增长到高于28.7万美元（同样是在不考虑同期通胀影响的情况下）。决定用哪个利率来计算，真的是个难题：谁能知道未来30年中的利率是多少呢？所以，计算终值这件事已经远远不算有依据的猜测，它得算一种艺术活动了。

与财务艺术家相比，投资分析师的地位要好一点，因为只需预测两年，但是他们还得应对更多变量。为什么他们会认为利润会按3%、5%、7%或者其他比率一直增长呢？如果利润的确这样增长，会发生什么呢？例如，如果利润增长率只有3%，投资者可能失去兴趣并且卖出所持股票，股票的市盈率可能下降。如果利润增长率是7%，投资者可能非常兴奋，买进更多股票，推高股票市盈率。当然，股市本身对股价是有影响的，没人能可靠预测股市的整体走向，这里也只是有依据地猜测。

事实上，每当计算终值，都涉及一系列假设——从现在到你要计算的那个未来时点，假设都会发生什么。假设改变了，算出的终值也就不同了。收益率的变化是一种财务风险。投资的时间越长，需要估计的事情越多，风险也就越高。

现　　值

这是分析资本性支出时最常用的概念，它跟终值概念正好相反。假设你认为，某项投资在未来 3 年会带来每年 10 万美元的现金流，如果你想知道这一投资是否值得你花钱，那么你就需要知道，未来的这 30 万美元在现在值多少钱。就跟你使用特定利率去计算终值一样，你也要用一个利率对终值进行"折现"，计算出其现值。举一个简单的例子，按 6% 的利率计算，10.6 万美元的 1 年期现值是 10 万美元。我们又回到了这个概念：今天的 1 美元，比明天的 1 美元更值钱。在本例中，12 个月后的 10.6 万美元和今天的 10 万美元价值相等。

对设备、不动产、商业机会甚至并购的投资进行评估时，现值概念都被广泛应用，但是你在这里也会清晰地看到财务艺术。为了计算现值，必须同时做出两个假设：其一，投资在未来会产生什么样的现金流；其二，用什么样的利率把未来现金流折现。

期望报酬率

当你考虑用什么利率计算现值时，你得记住，你这是在倒推。你做出的假设是：你的投资在未来会有特定的回报。你想知道的是：为了在未来那一天得到这些回报，现在值得拿多少钱去投资。所以你决定使用什么利率或者折现率,其实就是,需要赚到什么样的利率你才会做这笔投资。你可能不愿意现在投入10万美元而在一年之后得到10.2万美元(收益率是2%),但你可能会很愿意现在投入10万美元而在一年之后得到12万美元(收益率是20%)。不同的公司为不同的投资项目设置了最低收益率,或者叫"门槛",一般对高风险项目设置的收益率较高,对低风险项目设置的收益率较低。它们在投资之前要求达到的这种收益率就是期望报酬率,也叫作"门槛利率"。

在设置期望报酬率时,总是要做一些判断,但这些判断并不能随便做出。首先要考虑机会成本这个因素。公司只有这么多现金,所以必须判断怎样才能把资金用得最好。2%的收益率没什么吸引力,因为公司可以通过购买国债获得更好收益,国债收益率是3%~4%并且几乎没风险。20%的收益率可能很有吸引力(大多数投资都很难获得20%的收益率),但是投资与否显然取决于风险有多大。第二个要考虑的因素是公司自身的资本成本。如果公司的钱是借来的,那就得支付利息。如果公司的钱是股东投入的,那么股东需要回报。公司要做的投资必须能给公司增加足够多的价值,让公司能偿还债权人的债务,让股东得到满意的回报。一项投资,如果其回报低于公司的资本成本,那就无法满足上述两个目标,所以期望报酬率必须永远高于资本成本。(关于资本成本的详细讨论,见本部分后附的工具箱。)

也就是说,设置门槛利率的问题,远远不是选用哪个公式计算的问题。公司的财务总监或者财务主管会评估一项投资的风险,评估它可能的融资方式,还要评估公司的整体状况。他知道,股东希望公司为未来做投资。他也知道,股东希望投资带来的回报至少要相当于同等风险水平下的其他投资。他知道(或者至少你希望他知道)公司的现金状况紧张与否,承担多大风险能让CEO和董事会感觉合适,以及公司所在市场的情况。然后，他对设置什么样的门槛利率才有意义做出判断或者估计。高增长性的公司通常会设置较高的门槛利率，因为必须把钱投到它们认为能产生想要的增长水平的地方。比较稳健的、低增长的公司通常设置较低的门槛利率。如果你还不了解这些，你们财务部的人可以告诉你，公司对你可能参与的各种项目都设置了什么样的门槛利率。

机会成本

通俗点说，这个词儿表示你为了做某事而必须放弃的东西。如果你把所有的钱都花在奢华度假上，机会成本就是你不能买车了。在商业中，机会成本通常是指不遵循最佳财务行动方案而放弃的潜在利益。

关于运用这些概念进行的计算，这里先提一句。在第27章中，我们将向你介绍一两个公式。但是你不必全都用手工计算，你可以使用财务计算器，可以借助数学万用表，或者直接上网寻找计算工具。例如，在谷歌网页输入"终值计算器"，你就能找到若干能简单计算终值的网页。当然，现实世界中的计算可不总是这么简单。或许你认为你正在考虑的投资在第一年会产生10万美元现金流，然后每年增长3%，现在你必须算出增长率，并判断在以后年份里要不要把这个合适的折现率加以改变。非财务经理人不用担心怎么做这些复杂的计算，财务人员会帮你做的。通常，他们会有一个电子表格或者模板，公式已经嵌入其中，你或者他们只需要把数字填进去就行。但是你必须知道在计算过程中要用的概念和假设，如果你只会填数字而不理解其逻辑，你就不知道为什么他们会算出这样的结果，你也就不知道怎样以不同的假设算出不同的结果。

现在，我们开始把这些概念用起来。

| 第 27 章 | Financial Intelligence |

抓住实质，计算投资收益率

资本性支出、Capex、资本投资、资本预算，当然还有投资收益率（ROI），很多公司使用这些术语非常随便，甚至换着用，但它们通常都是指同一件事情，也就是：为提升公司价值而决定怎么投资的过程。

分析资本性支出

资本性支出是指需要投入大量现金的大型项目。每个企业对"大量现金"的定义都不相同，有的以 1000 美元为底线，有的则以 5000 美元或者更多。资本性支出投向的资产或项目，要在超过一年的时间里产生收入。这个范畴很广，包括设备采购、业务拓展、并购以及开发新产品。

一项新市场营销活动可以被视为资本性支出，翻新大楼、升级计算机系统、购买公司用车也是资本性支出。

公司对这些支出的处理，不同于对采购存货、办公用品及水电费等支出的处理，原因至少有三个。第一，这些支出要花大量（有时金额不确定）的现金。第二，这些支出通常被期望在几年内都产生回报，所以要用货币的时间价值对其进行计算。第三，这些支出总是有某种程度的风险，企业可能不知道这些支出是不是真的"有用"——能不能带来期望的效果。即使真的能像原计划设定的那样"有用"，公司也不能精准知晓这些投资真正产生的现金收益是多少。

我们将概括分析资本性支出的基本步骤，然后介绍财务人员经常用来计算某项支出是否值得做的三种方法。但是请记住：这也是财务艺术的具体运用。这真的是令人惊叹之事，财务专业人员有这个能力，他们对拟投资项目进行分析，并运用极多的假设和估计做出投资建议，然后投资效果很好。财务专业人员甚至很享受这种挑战：接受未知事物，并用促使公司更加成功的方法将其量化。

只要具备一点财务智慧，你就可以用自己的专业知识参与这个过程。一家公司的 CFO 强调让工程师和技术人员参与编制资本支出预算，就是因为他们更了解对一家钢铁制造厂的投资到底能带来什么。这位 CFO 喜欢说的话是：他宁愿教那些人学些财务知识，也不愿意去自学冶金学。

具体做法如下：

- 分析资本性支出的第一步是，确定初始现金支出。连这一步都涉及假设和估计：你必须判断某设备或某项目在开始产生收入之前，需要花多少钱。这些支出可能包括：买设备、安装设备、花时间学习使用设备，等等。通常情况下，大部分此类支出发生在第一年，但有些会延续到第二年甚至第三年。所有这些都应算作现金支出，而不算是减少利润。

- 第二步是预测这项投资的现金流。（强调一下，你要预测的是现金流，不是利润。本章后文将介绍两者的区别。）这一步颇有难度，绝对称得上财务艺术的典型事例。因为预测未来总是很难，并且需要考虑多种影响因素。（参见本部分后附的工具箱。）在预测一项投资的未来现金流时，经理人要小心甚至谨慎保守。如果投资回报高于预期，所有人都会高兴。如果投资回报明显低于预期，所有人都不高兴，并且公司很可能已经把钱浪费掉了。

- 第三步也是最后一步：对未来现金流做评估，也就是计算投资收益率。未来现金流是否够大，所以这项投资值得投吗？我们做投资决策的依据是什么？财务专业人士通常使用三种方法（单独或一起使用）来评判一项投资是否值得做：回收期法、净现值法（NPV）以及内部收益率法（IRR）。每种方法都提供不同的评价信息，每种方法都有其独特的优势和弱点。

精彩的资本预算需要对支出和回报做出估计，你马上就可以看到，这一过程都包括哪些工作、哪些智慧。需要收集大量数据并加以分析——这本身就是一项艰巨的工作。然后，这些数据必须转换为对未来的预测。精通财务的经理人能理解这两项工作都很困难，能对其提出问题，并能质疑相关假设。

分析资本性支出的三种方法

我们举一个非常简单的例子，向你展示实操步骤，并帮你理解其计算原理。比如，你的公司在考虑购置一项价值 3000 美元的设备——一台专业计算机，它能让一位员工在为客户服务时节省时间。这台计算机预计能使用 3 年。这 3 年中，每年年末，预计该设备产生的现金流都是 1300 美元。你公司的期望报酬率（门槛利率）是 8%。这台计算机，你是买，还是不买？

回收期法

回收期法，可能是评估资本性支出的未来现金流的最简单的一种方法。它衡量的是，基于投资项目所产生的现金流，要花多长时间才能收回最初的投资，换句话说，它讲的是要花多长时间才能收回你投出去的钱。显然，回收期必须短于项目寿命，否则，根本就不用投资这个项目了。在我们举的这个例子中，你只要用初始投资的 3000 美元，除以每年的现金流，就能算出回收期：

$$\frac{3\,000}{1\,300} = 2.31 \text{ 年}$$

因为我们知道这台计算机能用 3 年，所以回收期满足第一个要求：它低于计算机使用寿命。至此，我们还没计算在整个生命周期中，这台设备能带来多少现金回报。

在此，你可以看到回收期法的优缺点。优点是，计算和解释都很简单，它提供了一条能够检验投资项目的简捷之路。如果你考虑的项目，回收期显著高于项目寿命，那么你可能就不用继续研究它了。如果回收期短于项目寿命，你才可能继续研究它。这种方法经常在会议中用到，用于快速判断某个项目是否值得考察。

回收期法的缺点是，除了回收期，它就不告诉我们别的事情了。对于投资项目，公司要的绝非只是收支平衡，终归要的还是收益。而回收期法，不考虑超出盈亏平衡之后的现金流，也不告诉你总的收益是多少，更不考虑货币的时间价值。此方法将今天支出的现金流和预计明天的现金流相比较，实际上是在把甜瓜和卷心菜拿来对比，因为今天的美元和未来的美元，价值是不同的。

由于这些原因，回收期法只能用来比较项目（让你知道哪个项目收回初始投资更快）或者用来拒绝项目（拒绝那些永不能收回初始投资的项目）。但是请记住，在计算中使用的两个数字都是估计值。这里的艺术就是，把数字摆到一块儿——但你对未知事物的量化，究竟能做得多好呢？

所以，回收期法只是一种粗略的经验法则，而不是强有力的财务分析。如果用回收期法觉得该项目很有前景，那么继续用下一个方法，看看项目是否真正值得去投资。

净现值法

净现值法比回收期法更复杂，但同时也更强大。事实上，这通常是财务专业人士分析资本性支出的首选方法。原因是什么？第一，它考虑了货币的时间价值，把未来现金流折现以获得现值。第二，它考虑了企业的资本成本或者其他门槛利率。第三，它用现值表达分析结果，从而能让你把初始投资和收益现值做对比。

怎样计算现值？前文说过，实际计算时可以用财务计算器，可以用你们财务部的电子表格，或者去网上找可用的网页工具。你还可以在财务教科书的现值/终值表格中直接找到答案。但我们还是会告诉你真正的计算公式（名为"折现方程"）是什么样子，这样你就能深入了解计算结果，并且真正知道它是什么意思。

折现方程是这样的：

$$PV = \frac{FV_1}{(1+i)} + \frac{FV_2}{(1+i)^2} + \cdots + \frac{FV_n}{(1+i)^n}$$

其中：

PV = 现值

FV = 预计每一期间的现金流

i = 折现或者门槛利率

n = 期间数

净现值等于现值减去初始现金支出。

对于我们前面的举例，其计算过程如下：

$$PV = \frac{1\,300}{1.08} + \frac{1\,300}{(1.08)^2} + \frac{1\,300}{(1.08)^3} = 3\,350$$

$$NPV = 3\,350 - 3\,000 = 350$$

简言之，按 8% 的折现率计算，预期的总现金流 3900 美元，只相当于今天的 3350 美元。减去初始现金支出 3000 美元，你获得的净现值是 350 美元。

你怎么解释这个结果？如果 NPV 大于 0，就应该被接受，因为其收益高于公司门槛利率。此处，收益是 350 美元，表明项目的报酬率高于 8%。

有些公司可能希望你使用不止一个折现率计算 NPV，若这样做，你会看到如下关系：

当折现率上升的时候，NPV 下降。

当折现率下降的时候，NPV 上升。

之所以有这种关系，是因为较高的折现率表示资金的机会成本也较高。如果财务主管将门槛利率设定为 20%，这就意味着她相当自信，她认为自己可以在别处也赚到这个收益率，并且承担的风险水平相似。所以新的投资必须超级好，才能获得资金。相比之下，如果她在别处仅能获得4%的收益，那么很多新投资项目都会显得很不错。正如美联储通过降低利率来刺激国民经济一样，一家公司也可以通过降低门槛利率来刺激内部投资。（当然，这么做可能不够明智。）

净现值法的缺点之一是，向别人解释、演示都很困难。人们很容易理解回收期，但净现值是对未来现金流量折现后算出的一个数字，非财务人士不容易理解这个词儿。尽管如此，一位经理人若想演示NPV，就该坚持下去。假设公司的门槛利率等于或高于公司的资本成本，通过净现值测试的投资就会提升股东价值，没通过的投资（如果真的投了）就会损害公司和股东利益。

净现值法的另一个缺点（还是财务艺术）就是，计算净现值要基于如此之多的假设和估计。预计现金流量只能是估计值。投资项目的初始投资成本也很难是个准数。更何况，折现率不同，计算的净现值结果也截然不同。但是，你对这种方法理解得越多，你就越能对别人的假设提出问题，并且越容易使用你能解释的假设准备自己的投资建议。当你在讨论资本性支出的会议上演示、解释NPV时，你的财务智慧就会被清晰地展示给你的老板、你的CEO等所有人。你对这一分析方法的深刻理解，会让你在解释某个投资为什么该投或者为什么不该投的时候，信心满满。

内含报酬率法

计算内含报酬率（IRR）和计算净现值的方法是相似的，但是变量有所不同。它不是设定一个折现率然后查看计算出的投资现值，IRR计算的是预计现金流产生的真实收益率，然后将此收益率与公司的门槛利率对比，看看投资是否能通过这一测试。

在我们举的例子中，公司计划投资3000美元，然后在随后的3年，每年年末获得1300美元的现金流。你不能仅仅用简单加总的3900美元来计算收益率，因为收益是分散在 3 个年份中的。因此我们要计算一下。

首先，从另一个角度看内含报酬率：它是让净现值等于 0 的门槛利率。记得吧，我们说过，每当折现率上升，净现值就会下降。如果你在计算 NPV 时，使用的折现率越来越高，你就会发现算出的 NPV 越来越低，直到变成负数，这时就意味着，该项目使用的折现率已经高于净现值等于 0 的门槛利率了。在前文举例中，如果你试试用 10% 作为折现率，算出的净现值大约为 212 美元。如果改用 20%，算出的净现值会是负数，即 −218。所以，让净现值等于 0 的拐点，是介于 10% 和 20% 之间的某个数值。理论上，你可以缩小测试范围，直到找到这个数值。在实务中，你可以使用财务计算器或者网上的工具，然后你能找到，让 NPV 等于 0 的折现率是 14.36%，这就是投资的内含报酬率。

内含报酬率法容易解释也容易演示，因为它能快速比较项目收益率和门槛利率。其缺点是，它不能像净现值法那样，把投资项目对整个公司价值的贡献予以量化。但是，它没有说明的是，公司可以在多久时间内一直享用这个收益率。当候选的投资项目具有不同的周期时，只用内含报酬率法，会让你更加偏好回收快、收益率高的项目，而实际上你应该去投资回收期长、收益率较低的项目。内含报酬率法也不能解决规模问题。例如，说内含报酬率为 20%，并不能告诉你收益规模是多少美元，它可能是 1 美元的 20% 或者 100 万美元的 20%。与此相反，净现值法可以告诉你收益是多少美元。简言之，当投资本钱很高的时候，同时使用净现值法和内含报酬率法会更有意义。

三种方法的比较

有两个重要经验，我们已经暗示过了。其一，我们介绍的这三种方法，可能会引导你去做出不同的决策，具体怎么做取决于你依赖哪个方法。其二，当三种方法彼此冲突时，净现值法是最好的选择。我们再举一个例子，看看它们的区别是什么。

再次假设你的公司有 3000 美元用于投资。（为了容易计算，使用小点的数字。）有三种投资可能，分别是投资于不同的计算机系统，具体如下。

- 投资 A：3 年中，每年的现金流收益是 1000 美元。
- 投资 B：在第一年年末的现金流收益是 3600 美元。
- 投资 C：在第三年年末的现金流收益是 4600 美元。

你公司的期望报酬率也就是门槛利率是 9%，而这三种投资的风险水平相似。如果你只能从这三种投资中选择一种，你会选哪种？

回收期法会告诉我们，收回初始投资需要花多长时间。假设每年年末收到现金流收益，三种投资的回收期如下。

- 投资 A：3 年。
- 投资 B：1 年。
- 投资 C：3 年。

只用这种方法的话，投资 B 显然是最佳的。但是如果我们计算净现值，结果如下：

- 投资 A：−469 美元。（负数！）
- 投资 B：303 美元。
- 投资 C：552 美元。

现在投资 A 被淘汰了，投资 C 看起来是最佳选择。再用内含报酬率法计算一下会怎样呢？

- 投资 A：0%。
- 投资 B：20%。
- 投资 C：15.3%。

真有趣。如果只用内含报酬率法计算，我们会选择投资 B。但是按净现值法，投资 C 更好——这才是正确的选择。净现值法告诉我们，投资 C 的现值比投资 B 的现值更大。

如何解释以上数据呢？虽然投资 B 的收益率高于投资 C，但是它只能有 1 年的收益。投资 C 的收益率较低，但是会带来 3 年收益。每年 15.3% 的收益率持续 3 年，要比 20% 的收益率只持续 1 年好得多。当然，如果你假定自己能继续用这笔钱投资并获得 20% 的收益率，那么投资 B 更好一些。但是净现值法不会假定未来继续投资，它只假设公司能用现金继续赚取 9% 的收益。即便如此，如果我们在第一年年末拿到投资 B 带来的 3600 美元并以 9% 的收益率再次投资，到了第三年年底，得到的投资收益还是小于投资 C。

所以，即便你讨论或演示时用了别的方法，使用净现值法做投资决策也是有意义的。

盈利能力指数

盈利能力指数（PI）是用来比较资本投资的工具。毕竟每家公司的资本都是有限的。大多数企业可以拿这些资本进行不同的投资，每一笔投资都可能需要不同数额的资金。计算 PI，能帮你看清哪些投资可能对企业更有价值。

为了计算 PI，我们先要对每个投资项目计算净现值。然后我们把净现值加上初始投资，得到现值。我们举了三个投资例子，每个都需要

3000 美元的初始投资。投资 A 的净现值是 -469 美元,现值是 2531 美元。投资 B 的净现值是 303 美元,现值是 3303 美元。投资 C 的净现值是 552 美元,现值是 3552 美元。要把净现值换算为盈利能力指数,只需要用现值除以初始投资。计算过程是这样的:

- 投资 A 的 PI 是 2531 美元除以 3000 美元,也就是 0.84。
- 投资 B 的 PI 是 3303 美元除以 3000 美元,也就是 1.10。
- 投资 C 的 PI 是 3552 美元除以 3000 美元,也就是 1.18。

换句话说,投资 A 每投资 1 美元,就收回 0.84 美元。投资 B 收回 1.10 美元,投资 C 收回 1.18 美元。有了该指数,就有可能按 PI 对投资项目进行优劣排序,当你在考虑不同规模的投资机会时,它更是特别有用。如果一项投资的净现值高于另一项投资,但需要花费更多的投资成本,你就不能将两者做确切的比较。但是 PI 解决了这个问题。

最难的部分

很有用的 ROI 分析法的关键一点,以及大多数分析方法的最有难度的部分,就是对某项投资的未来收益做出很准的估计。这是真正的挑战所在,也是最常见的错误发生之处。甚至大公司也觉得这很难。看看没回报的并购和其他大型投资有多少吧。这些失败的投资,几乎都在反映对投资项目的未来经济效益的不切实际的预期。

你怎样才能避免犯这种错误呢?需要牢记的最重要的事情就是,你关注的重点应该是现金流,而不是未来的利润。在做预测时,坚持关注现金流需要做更多的分析工作,但这额外的努力是值得的。

我们来考虑一个例子。既然你已对资本性支出分析颇为熟悉,我们这次要使用的数字,与你现实世界中可能遇到的更为相像(虽说也是简化的)。你有机会建立一家新的工厂,可以提高你公司的产能达三年之久。建这家工厂需要耗资3000万美元,工厂能用四年。(为了便于说明,我们仍然把时间范围说得短一些。)在此后的三年中,工厂每年生产的新产品,都能够形成6000万美元的收入。

该项目的预计增量利润表可能如表27-1所示。

表27-1 预计增量利润表   (单位:美元)

	第一年	第二年	第三年
收入	60 000 000	60 000 000	60 000 000
材料和人工	30 000 000	30 000 000	30 000 000
折旧	10 000 000	10 000 000	10 000 000
营业利润	20 000 000	20 000 000	20 000 000
税金	5 000 000	5 000 000	5 000 000
净利润	15 000 000	15 000 000	15 000 000

看起来这是个好项目,是吧?你投资3000万美元,三年内获利4500万美元。但是,有个关键点被我们故意忽略了。这个例子,把项目利润和投资现金流做了比较。前面章节和你讲过,利润不等于现金。把利润收益和现金投资相比较,就如同把油桃和香蕉相比较一样。

通常,从营业利润开始推算到现金,需要经过两个步骤。第一步,要把所有的非现金费用都加回来。例如折旧,就是一项减少利润但不影响现金流的费用。第二步,必须把其他的营运资金都考虑进来。销售收入越高,需要储备的存货越多,带来的应收账款也越多——存货和应收账款是营运资金的两个关键内容。这两项都是投资,都需要用现金投入。

现在,我们假设,公司为了新增收入,需要向新的客户销售,而这些新客户的信用等级要低于已有的老客户。也许,收回这些新客户的欠款,要花60天,而不是45天。也许,在这三年之间,你的应收账款会增加1000万美元。同时,为了支撑新增的销售额,假定存货要增加500

万美元。(财务人员可以根据过去的财务情况把这些数字精准估计出来，在本例中，我们直接假定就是这些数字。)

把利润推算到现金，计算过程如表 27-2 所示。

表 27-2　利润推算到现金　　　　　　　　　　（单位：美元）

	第一年	第二年	第三年
收入	60 000 000	60 000 000	60 000 000
材料和人工	30 000 000	30 000 000	30 000 000
折旧	10 000 000	10 000 000	10 000 000
营业利润	20 000 000	20 000 000	20 000 000
税金	5 000 000	5 000 000	5 000 000
净利润	15 000 000	15 000 000	15 000 000
加上：折旧	10 000 000	10 000 000	10 000 000
营运资金	−15 000 000	0	15 000 000
净现金流	10 000 000	25 000 000	40 000 000

现在，这个项目看起来更有吸引力了。计算表明，三年之内，3000万美元的投资，会带来7500万美元的回报。当然，你还需要用净现值分析法，来检验这项投资对企业是否有意义。

记住，ROI 的细节是魔鬼。任何人都可以把预测数据做得很漂亮，让投资看起来很有意义。通常，进行敏感性分析是有用的，即使用未来现金流的 80% 或 90% 来计算，看看投资是不是仍旧很好。如果投资依然看起来很好，你可以更加自信地认为，你能根据这些计算做出正确的决策。

我们知道，本章含有大量计算。但是，人的直觉在整个过程中所起的作用，有时会让你惊讶。不久以前，乔在定点公司参加了一场财务审查会议。会上，一位高级经理建议，定点公司应投资 80 000 美元建立一个新的加工中心，这样就能自产某些零部件，而不必依赖外部供应商。由于某些原因，乔对这个建议并不热心，但他还没开口，一位车间装配技术员就向那位高级经理提出了以下问题：

你计算过我们每月能从新加工中心拿回多少现金吗？投出的 80 000 美元可是一笔大钱！

你知不知道现在是春天，业务一般会减速，到夏天资金会很紧张？

你算过操作机器要多少人工成本了吗？我们在车间都是相当忙的，你可能得再雇些人去操作新机器。

花这些钱，有没有更好的途径为公司增加业绩呢？

经过这一番盘问，高级经理放弃了这个建议。车间装配技术员可能并非精通于净现值计算，但他对这些理念可是真懂啊。

管用的直觉是伟大的。如果你能靠这种直觉做出决定（或质疑别人的建议），就如那位技术人员那样，那么，你要继续下去，别停。然而，对于更大或者更复杂的项目，光有直觉是不够的，你还需要可靠的分析。这时，本章介绍的概念和过程就能被你派上用场了。

工具箱

怎样逐步分析资本性支出

你一直在和老板讨论为工厂购置一套新设备，或者想发起一场新的营销活动。老板突然结束了讨论会，"听起来很不错，"他说，"给我写一份建议书，要做 ROI 分析，周一放我办公桌上。"

别慌，对于你要写的建议书，这里有一份分步指南。

1. 记住，ROI 的意思是投资收益率，换个说法就是"对这项资本性支出做个分析"。老板想知道这项投资是否值得，他需要计算依据。

2. 把你能收集到的所有投资成本相关的数据都收集到手。如果是新机器，则其总成本应包括购买价格、运输费用、安装费用、停工损失、调试费用、培训费用等。在你必须做出估计的地方，记好这是估计数。把这些数据的加总，作为初始投资现金支出。你还需要确定机器的使用寿命，这可不是一个容易的任务！（但这是我们相当喜欢做的艺术工作的一部分！）你可以和机器制造商讨论，也可以和买过这台机器的人讨论，他们能帮你回答使用寿命的问题。

3. 确定这笔新投资的收益，也就是看它为公司节约多少钱，或者帮助公司赚了多少钱。计算新机器的投资收益，应包括这些成本节约事项：提高生产速度、减少返工、减少操作设备的人数，以及提高客户满意度而导致的销量增加，等等。在此，有难度的是，你需要弄清这些因素怎么换算为现金流，就跟我们在第 27 章讲过的那样。不要怯于向财务部门请教——财务人员都受过这方面的训练，他们会愿意帮你的。

4. 找到公司为此类投资设定的门槛利率。用门槛利率算出该投资项目的净现值。别忘了请教财务部——他们应该有一个电子表格，确保你把他们认为重要的数据收集齐全，并且按照他们希望的方式进行计算。

5. 计算回收期和内含报酬率。（财务部的电子表格可能已经包含这些计算方法。）你的老板可能要问你这些指标都是什么，你需要准备好答案。

6.把建议书写好。一定要简洁。介绍项目，列出投资成本和收益（财务收益和非财务收益都要列出），并阐述风险。论述这个项目是怎么和公司战略以及市场竞争地位相匹配的。然后说出你的建议，包括净现值、回收期、内含报酬率的计算过程，以备有人问你这都是怎么算出来的。

有时，经理人在写资本性支出建议书时，做法相当过分。这可能是人性所在：我们都喜欢新生事物，而且通常来说，弄出一些让投资看起来很不错的数字，那是很容易的。但我们建议谨慎一些，小心行事。建议你准确解释哪些估计值是可靠的，哪些是你认为不可靠的。要做一个敏感性分析，表明即使现金流和你期望的水平并不相符，你的估计值也是有意义的。一份保守的建议书是可能获得资金的方案，也是从长远看来可能给公司增加最多价值的方案。

再解释一下。有时候，这种麻烦的分析不值得花时间去做。例如，有时一位高管要求你去论证他已经做出的决策。做这种分析真的没什么用（但你没法逃避这项工作）。你只需要遵命摆弄一下你的假设和估计，直到数字"对了"。我们知道一家小型的软件公司（年收入不到5000万美元），老板决定要一架公务飞机，就要求财务主管做一个投资收益率分析，证明这是具有经济意义的。财务主管的数据表明，对于这样规模的公司而言，这笔投资根本不在合理范围之内，这时，老板要求他用"新的信息"把分析重做一遍。但是数据仍然不支持购置飞机。没关系，老板不会因为分析结论不好而改变想法，最近我们听说，老板正在等着做完一场大甩卖，然后无论如何都要买飞机。

然后，有些投资是不用"过脑子"的，根本无须详细分析。在乔的公司——定点公司，工程师在做高价项目时，每天可以创造几百美元。如果某位工程师的CAD系统坏了，他就赚不到那块利润。所以让我们想象一下，工程师罗伯特的电脑越来越旧，并且周期性崩溃。如果它在一年中有几天关机，公司就可能会丢掉几千美元的利润。与此同时，买一台新电脑要花 4000 美元。你不需要计算净现值、内含报酬率，就知道买一台新电脑是物有所值的。

计算资本成本

在做资本预算分析时，公司怎样确定利率或折现率？要回答这个问题，你得把公司的资本成本算出来。

计算资本成本很复杂。你要知道公司的若干事情，包括：

- 公司生产经营所用资金来源，其股权、债务比例各是多少？
- 公司股价波动如何？
- 公司债务的总利息成本是多少？
- 市面现行的利率是多少？
- 公司当前的税率是多少？

搞清这些问题，能让你确定验证一项投资所需的最低收益或者利率是多少。

我们来看一个例子。我们假定上述问题的答案如下：

- 公司生产经营所用资金来源，30% 是债务，70% 是股权。（你能从资产负债表上算出它们的比例。）
- 股价的波动，用贝塔系数表示，是 1.25。（贝塔系数表示，与整个市场相比，某一证券的波动性。紧随市场涨跌幅度的公司，比如许多大型工业公司，其贝塔系数接近 1.0。波动性更大的公司，其涨跌幅度大于市场幅度，其贝塔系数可能为 2.0。比市场更为稳定的公司，比如公共事业公司，其贝塔系数可能为 0.65。贝塔系数越高，其股票在投资者眼里风险越大。）
- 公司债务的平均利率是 6%。

- 美国国债的无风险利率是3%。股票市场上有代表性的投资预计可获得11%的收益。
- 公司的税率是25%。

借助这些信息,我们可以确定公司的加权平均资本成本(WACC)——意思是,公司的债务成本、股权成本分别按30%和70%加权。加权平均资本成本,是公司必须在现有资产基础之上,为满足债权人、所有者以及所有其他资本方赚取的最低收益。

第一步是计算债务成本。因为债务利息可以在税前扣除,所以我们需要同时考虑利率和税率,以确定其税后成本。公式如下:

债务成本 = 平均债务利息成本 ×(1 - 税率)

因此,我们这个例子的计算如下:

债务成本 = 6% ×(1 - 0.25)= 4.5%

下一步是用贝塔(风险)系数和现行利率计算公司的股权成本。方程式如下:

股权成本 = 无风险利率 + 贝塔系数 ×(市场利率 - 无风险利率)

在本例中,计算如下:

股权成本 = 3% + 1.25 ×(11% - 3%)= 13%

分析表明,该公司的税后债务成本为4.5%,股权成本为13%。

最后,我们知道这家公司的债务融资占30%、股权融资占70%,因此,其加权平均资本成本(WACC)会是:

(0.3 × 4.5%)+(0.7 × 13%)= 10.45%

该公司投资的最低收益率是10.45%。投资收益率达到这个值,才是把资金用对了。

当你看见这些数字时,你可能提问:"为什么不使用更多的低成本债务、更少的高成本股权呢?这样做难道不是能降低企业的资本成本吗?"这话可能说对了,也可能说得不对。承担更多债务会增加风险。这种预期风险,可能导致股票的贝塔系数上升,从而进一步增加股本成本。债权人承担了额外风险，也会决心要求更高的收益，然后，企业承担更多债务节约下来的资本成本，可能都得变成利息付给债权人了。

公司的财务团队，必须确定正确的债务股权组合，以使 WACC 最小化。这种组合很难精确做到，并会随利率和预期风险的变化而变化。如果哪个财务团队真的精确做到了，那么他们绝对赚到了足足的钱。

WACC 经常被认为是企业做资本投资应赚取的最低收益率。大多数企业每年都对其 WACC 进行评估，并将其作为基准利率，依据它来设置计算 NPV 和别的资本预算时使用的门槛利率。然而，在实际确定门槛利率时，公司经常在 WACC 上加 2～3 个百分点，仅仅为了消除误差的影响。

经济增加值和经济利润：提高综合能力

经济增加值（EVA）和经济利润（EP）被广泛应用于评估企业的财务业绩。它们评估的对象大致相同，但是计算方法略有不同。

据我们所知，经济增加值，是唯一被某咨询公司注册成商标的衡量指标。（它属于纽约的斯腾斯特财务咨询公司。）这一指标的基本思想是：一家公司，只有当其赚取的风险调整后利润大于把同等规模资本投资到其他地方赚取的利润时，才算为股东增加了价值。

为计算 EVA 和 EP，首先要计算总资本回报率（ROTC），然后减去 WACC。这两个指标的倡导者指出，一家公司购买营利用资产，就必定会产生成本，无论使用股权、债务还是其他方式融资都一样。要了解公司的真正利润，你应该把这些成本都考虑进去。

我们看看前文用过的示例，看看怎么用这些指标衡量公司。记住，这家公司的 WACC 是 10.45%。我们可以说，它的 ROTC 是 9.6%，这在第 21 章有举例。下面是 EVA 的公式：

$$EVA = ROTC - WACC$$

所以，我们例子里的公司：

$$EVA = 9.60\% - 10.45\% = -0.85\%$$

简言之，这家公司的 EVA 是负数。公司为资本提供者赚到的收益，比他们通常的预期水平低了一个百分点。如果该公司的 EVA 继续为负数，股东和债权人就可能会去别处投资了。

现在，我们看看 EVA 是负数对 EP 有何影响。EP 是把 EVA 的百分数转化为货币金额，你只要用 EVA 乘以总资本就行，后者我们在第 21 章说过怎么计算出来。因此，按第 21 章的例子，如果投资于该公司的总资本是 36.46 亿美元，计算过程是这样的：

$$EP = -0.85\% \times 36.46 亿美元 = -30\ 991\ 000（美元）$$

这比资本提供者合理预期的本项目投资收益少了 3100 万美元。

那么下一年度情况如何？假如公司业绩提升，并且 ROTC 达到了 12%。同时，由于利率下降，WACC 降低到了 9.5%。唯一保持不变的是总资本。现在，公司的 EVA 是 12% − 9.5% 即 2.5%，EP 是 2.5% 乘以 36.46 亿美元即 9115 万美元。这个进步相当巨大，而投资方无疑会很高兴。

第七部分

运用财务智慧,管理营运资金

Financial Intelligence

| 第 28 章 | Financial Intelligence |

管理资产负债表的魔法

"管理资产负债表"这个句子,我们在本书前文提过好几次了。现在,我们要更详细地讨论具体如何去做。为何称之为"魔法"?因为精明的资产负债表管理就像财务魔术一样。它能让公司即使不提高销售、不降低成本,也能改善财务业绩。优秀的资产负债表管理,能让企业更加高效地把投入转化为产出,最终转化为现金。它能加快现金周转,本书这一部分稍后会讨论这个概念。能在更短时间内获得更多现金的公司有更多的行动自由,它们对外部投资者或贷款机构就不太依赖。

可以肯定的是,资产负债表的绝大部分,终归要被你公司的财务部门管理。财务部门负责盘算借多少钱、以什么条件借钱,负责在必要时安排股权投资,负责在日常工作中密切关注公司的整体资产和负债。但是,非财务经理人对资产负债表中的某些关键项目有着巨大影响,这些项目合称营运资金。营运资金是提升和应用财务智慧的主要舞台。一旦你掌握了这个概念，你就会成为财务部和高管们的重要合作伙伴。学会更好地管理营运资金，你就能对公司的盈利能力和现金状况施加重大影响。

营运资金要素

营运资金是一类资源的总称，它包括现金、存货、应收账款，并且要减去公司的短期负债。它直接来源于资产负债表，通常用以下公式计算：

$$营运资金 = 流动资产 - 流动负债$$

当然，这一方程式可以进一步分解。正如我们所见，流动资产包括现金、应收账款以及存货等项目。流动负债包括应付账款和其他短期债务。但这些资产负债表项目都不是孤立的，它们代表了生产周期的不同阶段、营运资金的不同形式。

为理解这些，想象一下一家小型制造业公司的情况。每个生产周期都以现金开始，这是营运资金的第一个组成部分。公司拿现金买了一些原材料，这就形成了原材料存货，这是营运资金的第二个组成部分。然后原材料被用于生产，形成在产品存货，然后是产成品存货，这都是营运资金中"存货"的组成部分。最后，公司把产品卖给客户，形成应收账款，这是营运资金的第三个也是最后一个组成部分（见图28-1）。在服务业，生产周期是相似的，但是更简单一些。例如，我们自己的公司——财务商学院——大体上就是一家培训机构，其经营周期的时间范围涵盖了最初编写培训教材、完成培训课程到最后收取培训费这几个阶段。我们完成培训项目并且收取培训费的效率越高，我们的盈利能力和现金流就越健康。千真万确，在服务业，最好的赚钱办法就是提供优质快速的服务，然后尽快收款。

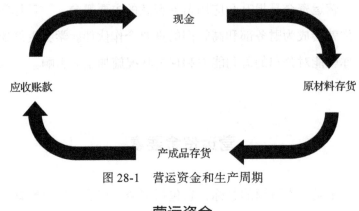

图 28-1 营运资金和生产周期

营运资金

营运资金是一家公司为支撑日常经营所需的资金。通常，会计计算它的方法是，加总该公司的现金、存货和应收账款，并减去短期负债。

在整个周期中，营运资金的表现形式是在变化的，但是金额却不会变化，除非有更多的现金加入这个循环系统——比如，公司增加了贷款或者股权投资。

当然，如果公司采购时赊购，则现金会保持不变，但在资产负债表的负债一侧，会相应产生"应付账款"。所以，必须从其他三个组成部分中减去应付账款，才能得到公司营运资金的准确金额。

衡量营运资金

在衡量营运资金时，公司通常会考虑三个主要因素：应收账款、存货、应付账款。这三个因素中的任何一个发生变化，都会导致营运资金增减变动，具体如下：

应收账款，等于用自己的现金为客户的消费提供融资，因此应收账款的增加会增加营运资金。

存货，等于为向客户销售而用现金购买和储存货物，因此存货的增加也会增加营运资金。

但是，应付账款是欠别人的钱，所以应付账款的增加会减少营运资金。

你可以使用我们已经讨论过的比例，来理解和管理营运资金。正如你能想到的，这些比率都能衡量应收账款、存货或者应付账款。你可能还记得，应收账款周转天数衡量的是收回销售款的平均时间。所以，减少应收账款周转天数，就能允许企业减少营运资金。存货周转天数，是存货在生产系统中停留的天数。因为存货也要占用资金，所以降低存货也能允许企业减少营运资金。现在，你可能已经猜到了第三个衡量指标：应付账款周转天数，也就是DPO。如果你提升了DPO——更晚支付购货款，你也降低了营运资金。在本书第29章、第30章，我们将讨论如何管理营运资金的这些要素。

总的来看，一家公司有多少营运资金才是合适的呢？这个问题可真不容易回答。每家公司都需要足够的现金和存货才能正常运转。公司规模越大，增长越快，需要的营运资金就可能越多。但是，真正的挑战在于，如何有效使用营运资金。非财务经理真正能够影响的三个营运资金项目是应收账款、存货以及应付账款（影响程度较小）。我们将依次讨论这些项目。

不过，在我们展开讨论之前，值得再问一次：在所有这些指标的计算中，到底包含了多少"艺术"。在这种情况下，最好的答案可能是"包含了一些"。现金是硬指标，不易被操纵。应收账款和应付账款，相对而言也是硬指标。存货并不是很硬的指标。各种各样的会计技术和会计假设，允许公司用不同的方法计量存货。所以，一家公司对营运资金的计算，在一定程度上取决于公司遵循什么会计规则。不过，通常情况下你可以假定，营运资金数据并不像我们之前了解的指标那样需要很多主观判断。

| 第 29 章 | Financial Intelligence |

资产负债表的杠杆作用

大多数公司用自己的现金为客户购买产品或服务提供融资，这就是资产负债表上的"应收账款"项目，即客户在特定时点欠公司的钱，其金额取决于此前所购买产品或服务的价值。

正如我们在第 5 部分看到的，衡量应收账款的关键比率是应收账款周转天数，即 DSO，也就是公司收回应收账款需要的平均天数。一家公司的 DSO 越长，其经营所需营运资金也就越多。客户购买产品或服务所欠的现金很多都没有偿还，因此所欠现金不能用于购买存货、提供更多服务，等等。与此相反，一家公司的 DSO 越短，其经营所需营运资金也就越少。由此可知，了解 DSO、努力降低 DSO 的人越多，公司可自由支配的现金也就越多。

管理应收账款周转天数

管理 DSO 的第一步就是，理解它是什么，以及其发展方向。如果它比正常值要高，尤其是它还趋向于继续增长（几乎都是这样），经理人们就要开始提问题了。

例如经营经理和研发经理必须扪心自问：产品是不是存在什么问题，可能导致客户不愿意付款。公司销售的产品，是客户想要的吗？是客户期待的吗？送货有没有问题？质量问题和送货缓慢问题，经常导致付款延迟，仅仅由于客户对收到的产品不满意，然后决定不占用自己的宝贵时间去支付货款。因此，质量保证、市场研究、产品开发等部门的经理，都会影响应收账款，生产和运输部门的经理也同样会影响应收账款。在服务业公司，去提供服务的人们也要用同样的问题问自己。如果客户对得到的服务不满意，也不会占用自己的时间去付钱。

前台经理，就是销售部门和客户服务部门的经理，必须问一系列类似问题。我们的客户财务状况健康吗？他们所在的行业支付账单的惯例是什么？他们所在地域的付款速度是快还是慢？通常，销售人员首先接触客户，所以他们有责任洞察客户的财务健康状况。销售完成之后，客户服务代表需要接着承担这个责任，了解客户财务状况的变化。客户的店里发生了什么事情？他们加班吗？他们裁员了吗？与此同时，销售人员需要和信用部门、客户服务部门的人共同协作，这样所有人都能提前了解收款条件，并在客户付款延迟时予以关注。在我们合作的一家公司里，送货员最了解客户状况，因为他们每天都有接触客户的便利条件。如果客户的业务突然有了恶化迹象，送货员就会向销售人员和财务人员预警。

信用部门经理需要问，付款条件是否对公司有利，是否与客户的信用记录相配。他们需要判断，公司给客户的信用条件是否过于宽松，公司的信用政策是否过于苛刻。一方面是增加销售，另一方面是为信用风险较高的客户提高信用额度，总是要在两者之间权衡取舍。信用部门经理需要明确，他们愿意给予的信用条件细节是什么样子的。是到货后 30 天吗？还是到货后 60 天？他们需要设定一些方案，比如给提前付款的客户打折。例如，"2/10 net 30" 表示，如果客户在 10 天内付款，可以得到 2% 的折扣，如果客户等到第 30 天再付款，就得不到折扣。有时，1% 或 2% 的折扣，可以帮助一家经营艰难的公司收回应收账款，从而降低 DSO——当然，这会让公司的盈利能力有所降低。

我们知道一家小公司，自己创造了一种简单的方法，用来解决如何给客户授信的问题。该公司确定了他们希望客户具备的特征，甚至将理想客户称为"鲍勃"。鲍勃的特征如下：

- 他在大型公司工作。
- 他的公司以及时付款著称。
- 他能够理解并维护所购买的产品（该公司制造的是技术密集型的复杂产品）。
- 他在寻找持续合作的供应商。

如果新客户满足这些标准，那么就能从这家小公司获得授信，否则就不能获得授信。实施这一政策的效果就是，该公司能将 DSO 保持在极低的水平，并且在没有增加股权融资的情况下实现增长。

所有这些决策，都会对应收账款产生很大影响，从而影响营运资金。事实上，它们产生的影响巨大。即使 DSO 只减少一天，也能为大型公司每天节约几百万美元。例如，回头看看第 24 章的 DSO 计算公式，你会注意到，在我们的样本公司，每天的销售额只有 2400 万美元。把这家公司的 DSO 从 45 天降低到 44 天，会增加 2400 万美元现金。这些现金是可以用在其他业务上的。

管理存货

这些日子，很多经理人（甚至还包括顾问）在关注存货。他们努力把存货降到最低点。他们谈论精益生产、零库存管理以及经济订货批量（EOQ）。存货受到如此重视的原因，正是我们在此讨论的。有效的存货管理，可以通过释放大量现金来降低营运资金。

当然，存货管理面临的挑战不是把存货降低至 0，这可能会导致很多客户不满意，而是把存货降到最低水平，同时保证所有原材料、所有零部件都在需用时有货可用，所有产品都在客户要买时有货可卖。制造商需要不断订购原材料、生产产品、储存产品，以供给客户。批发商和零售商需要定期补充库存，避免可怕的"缺货"——这个术语表示，当客户要买的时候无货可卖。然而，每一种库存都会占用现金，这意味着被占用的现金不能用于其他用途。到底需要多少库存来满足客户，同时把资金占用量降到最低，噢，这可是一个超级值钱的问题（也是咨询顾问关心存货的原因）。

存货管理技术超出了本书讨论范围。但是我们要强调的是，许多不同的经理人都会影响公司存货的使用，这意味着，所有这些经理人都能对降低营运资金的要求产生影响。例如：

- 销售人员喜欢告诉客户，他们可以准确得到他们想要的东西。（"一切按你的口味"，汉堡王的老广告这样说。）刷什么漆要定制？没问题。响铃要钟声和口哨？没问题。但是生产个性化产品需要相应增加库存，也就意味着占用更多的现金。显然，客户一定很满意。但这些并不特别的客户需求，必须与"存货占用现金"这一事实彼此平衡。销售人员卖出的标准产品个性化越少，公司必备库存就越低。

- 工程师们也是有个性的。事实上，他们总是致力于改进公司产品，把 2.54 版本升级到 2.55 版本，等等。同样，这是值得称赞的商业目标，但这个目标必须和存货管理要求相平衡。产品版本激增，给存货管理造成了负担。如果有一种产品系列能够保持简洁，有几种可以互相替换的选项，那么降低存货、管理存货就不是那么繁重的工作了。

- 生产部门对存货也有很大影响。例如，机器的停机百分比是多少？机器故障频繁，就需要公司储备更多的在产品和产成品存货。生产线转换平均需要多少时间？决定制造多少特殊零部件的决策，会对公司的库存需求量产生巨大影响。甚至工厂的布局也会影响存货：高效率的工厂加上设计高效的生产流程，可以使存货需求量最小化。

基于这些理念，值得注意的是，很多美国工厂的经营方式，都是在大量消耗营运资金。当市场不景气时，它们仍然大量制造产品，以保持工厂的生产效率。工厂经理专注于降低单位生产成本，通常只是由于这一目标已在他们头脑中生根，因此他们就将其忠诚执行。他们被训练这么做，被命令这么做，他们达到这个目标就会得到工资和奖金。

当生意兴隆时，这个目标就具有完美意义：不断降低单位成本，是效率管理模式中对所有产品成本进行管理的一种简单方法。（这种老方法只注重利润表，就其本身而言，还算不错。）然而，当市场需求下滑时，工厂经理就必须把公司的现金和单位成本放在一起同时考虑了。在这种市场环境下，工厂如果继续制造产品，就只是在制造占用更多仓储空间的存货了。哪怕占用上班时间读读闲书，都可能比制造卖不出去的产品要好得多。

Financial Intelligence | 第 30 章 |

跟踪现金周转

本章我们讨论现金周转期，它衡量公司收回现金的效率。但我们首先必须考虑的一个小问题是，企业决定以多快的速度给供应商付钱。

应付账款的数字很难得到准确的，在这方面，财务和哲学是一致的。单从财务方面考虑，就会鼓励经理人把应付账款周转天数（DPO）最大化，从而节约公司的现金。这一比率的变化，和我们讨论过的其他比率的变化一样，对公司的影响巨大。例如，在我们的样本公司里，DPO仅仅增加一天，就会让公司的现金余额增加大约1900万美元。

公司经常以DPO为工具来增加现金流，并减少公司业务占用的营运资金。例如，在2008年起的经济危机和随后的经济衰退期间，许多公司增加了DPO，以此作为节约现金的战略。事实上，一家《财富》50强企业明白无误地告诉供应商，给它们付款的账期是120天。

但是，在平常岁月，这是个好战略吗？对于《财富》50强之外的公司呢？这种战略会带来难以估价的剩余成本。当然，财务团队可以算出，把DPO从60天增加到70天能产生多少现金，对于大型公司而言，这可能是一个很大的数目。但这样做的"软成本"如何呢？公司拖延付款，可能会使关键供应商破产。公司会发现，供应商正在提高价格，以覆盖它们必须承受的额外融资成本。终归，供应商可能会感受到压力，必得尽力应对，然后，带来的后果就是，供应商交货变慢，甚至质量变差。一些供应商甚至可能拒接公司的业务。另一个需要实际考虑的因素是邓白氏公司的评级。邓白氏对一家公司的评分，部分基于公司的历史付款情况。付款总是延迟的企业，以后贷款会有麻烦。

一则个人经历的小故事也能说明这一点。乔所在的制造公司定点公司成立初期，公司创始人告诉他，"货到后30天付款"就是：货到后30天必须付款。定点公司总是在30天内给供应商付款。定点公司的两位创始人，此前曾在一家经营困难的公司工作，那家公司惯于在100天或者更久之后付款。两位创始人是那家公司的工程师，在供应商拿到货款之前，他们经常无法获得关键项目的零件。这就导致项目延误，也延误了项目完成后带来的收入和收款，这就造成了恶性循环。由于经历过这些，定点公司的创始人决定，永远不让自己的公司处于这种境地。

这种政策给乔出了一个难题，因为那时定点公司的主要客户是一家大型公司，该公司的付款时间是45～60天。于是乔带着一位创始人去银行讨论授信额度，他向银行表明，想得到多少现金。银行人员回答说："我不懂你为什么需要这个授信，你只要给你的供应商晚付20天货款，不就什么问题都没了？"

创始人坚定而平静地说："如果我把供应商的付款推迟了，它们还会给我按时提供高质量的产品吗？我需要可信赖的供应商。这是做生意的根本。如果我给它们晚付20天，这对我们的合作关系会产生什么影响呢？"

年轻的银行人员瞪大了眼睛，最后他同意为定点公司做考察，看能否予以授信。定点公司最终得到了授信，在近20年里，除了少数例外，对供应商的付款都是到货后30天立即支付。这一政策使公司付出了代价，因为它提高了对营运资金的需求量。尽管这有损于公司的现金流，但定点公司的领导者相信，这对公司声誉、公司和供应商的关系，都产生了积极影响。长远来看，有助于围绕公司建立起强大的商业团体。

我们不再讨论更详细的应付账款政策了，因为大多数公司的非财务经理对公司支付账单的速度，并没有太大的直接影响。但一般来说，如果你注意到公司的DPO正在升高——特别当其比DSO还要高的时候——你可能想问财务人员一些问题。毕竟，你的工作可能依赖于和供应商的良好关系，并且像定点公司的创始人那样，你不想让资金问题给这种关系造成不必要的破坏。

现金周转周期

理解营运资金的另一个办法是研究现金周转周期。实质上，它是一个把生产阶段（生产周期）和公司对营运资金的投资联系起来的时间表。时间表有三个阶段，你可以在图30-1中，看到这三个阶段如何联系在一起。了解这三个阶段以及其计算方法，能为理解公司业务提供极佳的途径，会帮你做出正确决策。

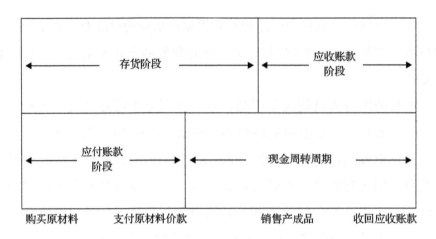

图 30-1 现金周转周期

从左边开始，公司购买原材料。应付账款阶段和存货阶段由此开始。在下一步，公司必须支付原材料价款，这就开始了现金本身的周转周期——现金已经付出去了，接下来的任务是看它回来得多快。但此时公司还处于存货阶段，实际上还没卖出任何成品。

后来，公司出售了产成品，存货阶段结束了。但是应收账款阶段刚刚开始，公司尚未收到任何现金。最后，公司收回了销货款，应收账款阶段和现金周转周期同时结束了。

为什么这些都很重要？因为我们可以据以确定走完这些阶段共需多少天，然后了解一家公司的现金会被占用多少天。对于公司经理人和领导者而言，这是一个他们应当了解的重要数字。借助这个信息，经理人就有可能找到为公司"节省"大量现金的方法。现金周转周期的计算公式如下：

现金周转周期 = DSO（应收账款周转天数）+ DII（存货平均周转天数）
－ DPO（应付账款周转天数）

换句话说，就是用应收账款周转天数，加上存货平均周转天数，减去应付账款周转天数。这个公式告诉你，从支付应付账款到收回应收账款，公司收回现金的速度有多快、具体是多少天。

现金周转周期提供了一种方法，让你能够计算出企业的经营需要多少资金支持：只要用公司的每日销售额乘以现金周转周期的天数，就可以了。以下是以样本公司数据计算的结果：

$$DSO + DII - DPO = 现金周转周期$$

$$54 \text{ 天} + 74 \text{ 天} - 55 \text{ 天} = 73 \text{ 天}$$

$$73 \text{ 天} \times 2\,413.6 \text{ 万美元销售收入} / \text{天} = 176\,192.8 \text{ 万美元}$$

仅仅维持经营，这家企业就需要18亿美元的营运资金。对大型公司而言，这很正常。如果现金周转周期长达60天之久，即便小型公司，也需要与其销售规模相比很高的营运资金。任何规模的公司，都有可能在这方面陷入困境。泰科国际公司（本书前文提过），曾在两年内并购过600家公司，并因此著名。这些并购都带来很多挑战，但一个最严重的问题就是，现金周转周期大幅增长。原因在于，泰科国际公司经常并购同一行业的不同公司，并将彼此竞争的产品列入产品清单。现在，泰科的存货里有好几种相似的产品，存货的周转速度不比以前，存货平均周转天数开始失控，公司某些业务的存货平均周转天数增加了10天以上。在一家销售收入超过300亿美元的跨国公司中，这种幅度的增长，会使现金降低数亿美元！（这个问题，泰科国际公司早已解决，方法就是停止继续并购、专注于经营实业。）

本章介绍的所有技术，都可以用来缩短现金周转周期：降低DSO，降低存货，增加DPO。搞清你公司的现金周转周期是多少天，搞清它在向哪个方向发展。你可能要和财务人员讨论这个问题。谁知道呢，他们可能对你印象深刻，因为你懂得什么是现金周转周期、什么能影响现金周转周期。更重要的是，你可能开始和财务人员沟通交流，交流结果是让现金周转变得更快，让营运资金需求变得更低，让可自由支配的现金变得更多，这将使企业中的所有人都受益。

工具箱

应收账款账龄

想要把应收账款管理得更为有效？应收账款周转天数（DSO）可不是唯一要关注的指标。另一指标就是应收账款账龄。通常，考察应收账款账龄，是了解公司应收账款真实状况的关键所在。

来看一下原因。我们前文提及，DSO 的定义是一个平均值。例如，你有 100 万美元可以在 10 天之内收回，有 100 万美元要超过 90 天才收回，那么你总的 DSO 是大约 50 天。这听起来不算太糟糕，但实际上可能已经有了大麻烦，因为有一半的客户看起来还没打算付款。另一家同样规模的企业，DSO 也是 50 天，但是超过 90 天才付款的只有 25 万美元，该企业就没有同样的麻烦。

应收账款账龄分析，会给你提供这些数据：30 天以内的应收账款合计数，30~60 天的应收账款合计数，等等。通常，值得对应收账款账龄进行分析，就像对 DSO 进行分析一样，这能使你了解应收账款全景。

第八部分

打造具备财务智慧的公司

Financial Intelligence

第 31 章 Financial Intelligence

财务知识和公司业绩

我们写这本书的目的,是希望增加你的财务智慧,帮助你成为更好的领导者、经理人、员工。我们坚信,理解财务报表、比率以及本书包含的其他所有内容,能让你的工作更有效率,也会改善你的职业前景。我们还认为,从财务角度理解业务,会让你的职业生涯更有意义。如果不学游戏规则,你就永远不会去玩棒球或者西洋双陆棋,经营企业的道理也是如此!了解规则——利润是怎么计算出来的,为什么资产收益率对股东很重要,等等——能让你从企业全局图景中审视自己的工作,看清经营企业其实就是人们共同工作去实现目标。你会更清楚地看到公司是如何运营的,而你是公司的一部分。你会希望为公司做贡献,而你也会懂得怎样为之做贡献。你将能比以前更好地评估自己公司的业绩,因为你能看清关键数据的动向,并且了解它们上下波动的原因。

当然，这里也有很多乐趣。正如我们讲过的，企业的财报数据反映了一部分真实情况。但是财报数据也（有时很多）反映了估计、假设、有依据的猜测，以及因此导致的所有偏差。（偶尔它们也反映出直接的操纵。）你公司财务部的人知道所有这些，但许多财务人员都没有向我们这些非财务人员好好分享知识。现在你开始问他们一些棘手的问题。他们怎么确认某一特殊类型产品的收入？为什么他们选在某特定时间段计提折旧？为什么 DII 在上升？当然，他们听到非财务同事在用他们的术语说话会相当震惊，震惊过后，几乎可以肯定，他们非常愿意和你讨论会计估计和会计假设的依据，并在合适的时候予以修正。谁知道呢，他们甚至还可能开始询问你的建议呢。

优化公司

我们还认为，财务智慧的水平越高，企业的运作就越好。毕竟，健康的企业是好东西。它为客户提供有价值的产品和服务。它为员工提供稳定的工作、上涨的薪水和晋升的机会。它为股东带来丰厚的收益。总的来说，健康的企业有助于我们的经济增长，保持社会稳定，并且提高我们的生活水平。

具备财务智慧的经理人能为公司的健康做出贡献，因为他们可以做出更优的决策。他们能用自己的知识帮助公司获得成功。他们管理资源更聪明，运用财务信息更巧妙，从而提升公司的盈利能力和现金流。他们也更了解事情发生的原因，能对公司的发展鼎力相助，而不是仅仅抱怨高层领导多么误导企业。例如，我们记得为销售经理讲课时，使用了他们公司真实的财务数据。当我们讲到现金流量表（并向他们展示公司是怎么追求并购带来的增长,而导致现金储备枯竭)时,一位销售经理微微一笑。我们问他为什么笑,他就大笑起来。"一年中大部分时间,我都在和我们部门的销售副总经理打架,"他说,"原因是他改变了我们的佣金方案。以前我们是按销售额拿工资,现在我们是按销售回款拿工资。最终我明白了这一变化的原因。"他接着解释,他赞成通过并购实现增长的战略,也不介意改变佣金方案来支持这一战略,但是他此前始终不明白为什么两者相关。

财务智慧也在另一个意义上让企业更加健康。今天,大量企业受控于权术。它们奖励讨好上级的人,奖励搞幕后团伙的人。公司充斥着流言和猜疑,个人忙于确保自己的升迁而让公司的共同目标付诸东流。情况最坏时,这种环境变成了货真价实的毒药。在我们服务过的一家公司,员工们认为,只有在他们的抱怨声够大的年份,公司才给他们发利润分享奖金。他们认定,利润分享的目的就是让他们闭嘴。实际上,这家公司有一套相当简单的方案,把员工的努力和他们的季度利润分享奖金挂上钩。但是公司的作风,导致员工从来不相信这个方案是真的。

矫正这种作风,有简单的解药:阳光、透明和公开交流。当人们了解公司的目标并且努力去实现它的时候,创立一个基于信任感和认同感的组织是很容易的。长远看来,这种组织会一直比开放程度低的组织更加成功。虽说安然、世通或者雷曼兄弟公司能在城府颇深且自私自利的领导下获得一时繁荣,但是,长期成功的企业几乎总是建立在信任、沟通和对共同目标的责任感之上。财务培训(提升财务智慧)能起很大作用。在那家公司里,员工认为利润分享奖金的目的是让他们保持沉默,受过培训的人学到了这个利润分享方案其实是怎么运作的。很快,他们就把精力集中在他们能影响的数字上,然后,他们很快就能每季度都得到利润分享奖金了。

最后，精通财务的经理人，可以对意外情况做出更快的反应。有本名著《作战》，编写者是美国海军陆战队，第一次出版是在1989年，从此成为所有特种部队的"圣经"。[1] 此书的一个主题是，海军陆战队队员在战斗中总是面对不确定性和迅速变化的情况。他们几乎不能依赖上级的指示，相反，他们必须自己做出决定。所以，其指挥官必须详细说明他们的总目标，然后让下级军官和战场上的普通士兵在实际执行时自己做出决策。这一经验，对处于今天这样多变的商业环境中的公司，非常有价值。经理人必须在不请示上级的情况下，日复一日做出很多决策。如果他们了解自己的工作处于什么样的财务要素之中，他们就能做出更快、更有效率的决策。而公司的业绩（就和战场上的士兵的战绩一样），将会非常优秀。

用财务智慧武装公司

还有下一步呢。如果一位经理人了解财务之后会变得非常不同，那么想象一下，如果一个部门中的每个人，甚至一个公司中的每个人都了解财务，将会带来多么大的变化。

同理，如果办公室的人、店铺的人、仓库的人、车间的人以及在客户现场服务的人，能够了解他们自己团队的工作是怎么被评价的，能够了解他们自己的日常工作对财务状况造成什么影响，那么，他们就能做出更明智的决策。零件坏了，他们应该修理还是换个新的用？他们应该以最快的速度工作以追求最大产量，还是应该更加小心地工作以保证少犯错误？他们应该花时间去开发新的客户，还是应该花时间挖掘、服务现有客户？备好客户可能需要的一切，究竟有多重要？就像海军陆战队队员那样，前台员工和主管应该明了公司的主要目标，这样他们就可以明智地完成工作任务。

当然，公司明白这一点。近年来，公司向员工和主管大量灌输业绩目标、关键业绩目标（KPI）以及其他指标。也许，你自己就曾经扮演过这个角色：向员工传达 KPI 并告诉他们这是考核指标，果真如此的话，你就见过通常有很多人眼珠乱转、使劲摇头，尤其当本季度 KPI 与上个季度不同的时候，更是如此。但是，如果这些员工对 KPI 或业绩目标的财务逻辑有所了解呢？如果他们了解，本季度之所以要承担新的 KPI，不是因为某个高管拍脑袋随便决定，而是因为公司的财务状况发生了变化，他们会怎样呢？就像前文提到的培训课上那位销售经理那样，大多数人都会愿意适应新的情况，前提条件是，他们知道为什么会有这些变化。如果他们不知道为什么，那么他们就会怀疑管理层到底懂不懂怎么管理。

管理层具备财务智慧，可以提升公司业绩，同样道理，整个公司具备财务智慧，也可以提升公司业绩。例如，组织效率研究中心进行过一项研究，考察了若干衡量员工参与度的指标（此外也考察了其他指标）。[2] 有两项指标，分别是"分享公司业绩、计划和目标的信息"以及培训员工"理解公司业务的能力"，这两项指标与各种指标，尤其是生产能力、客户满意度、速度、盈利能力、竞争力和员工满意度是正相关的。也就是说，企业给员工的财务知识培训越多，企业经营得就越好。其他管理学家，包括丹尼尔·R.丹尼森、彼得·德鲁克和杰弗里·普费弗，都曾研究并支持这一观点：员工对企业了解得越多，企业的业绩也就越好。所有这些发现，都在意料之中。员工了解了企业的动向，对公司的信任就会提高。员工流失率下降了，工作热情和担当增加了。谁会怀疑这种信任、热情、担当带不来更好的业绩呢？

本书作者之一，也就是乔，曾亲眼看到这些现象。他和他的合作伙伴，花了数年时间，从零起步，建立了定点公司。和每家初创企业一样，定点公司经历了周期性的困难和危机，会计不止一次告诉乔，这公司再遇到动荡就生存不下去了。但是，不管用什么方法，公司还是生存下来了。最后，会计向乔坦白："你知道的，我们能克服这么多困难，原因就是你培训员工，并且向他们分享财务情况。当公司困难时，全公司的人都团结起来，想方设法去克服困难。"

会计说得对：所有员工都确切知道公司的境况如何。分享财务信息、帮助下属和同事了解财务信息，这是实现公司共同目标的一种方式，这种方式培育的环境能让团队协作生根、繁荣。更重要的是，当账目公开给所有人时，谁想做假账都非常困难了。

当然，仅仅分享财务信息是不够的。人们要理解它，还必须经过培训才行。这可能就是现在越来越多的公司把财务智慧培训纳入其培训体系的原因。有些培训课程是必学的，有些是自愿参加的。所有课程都围绕这一核心思想：如果员工、经理人、领导者懂得财务成功是怎么回事，那么公司就会更加成功。无论是团队、部门、机构还是整个公司，都有多种方法可以提升财务智慧。鄙公司，也就是财务商学院，不仅培训公司领导和管理团队，也培训销售员、人力资源和IT部门人员、操作人员、工程师、项目经理等人，教他们从财务角度理解他们自己的工作。下一章，会讲一些具体思路，告诉你如何提升公司的财务智慧的水平。

| 第 32 章 | Financial Intelligence |

财务知识战略

如果你的目标是让部门或者工作场所具备财务智慧，你第一步要做的就是，制定一个达到目标的战略。我们用"战略"这个词，可不是随意提提。你不能只做一次培训，或者发一本操作指南，就希望所有人都恍然大悟。人们需要在学习中参与，要反复学习，要从不同的角度学习。财务知识应该成为公司文化的一部分，这需要时间、努力，甚至还要投入一点点钱。

但这都是能做到的。在这一章，我们会为大公司、小公司都提些建议。但是你不要被小公司或大公司这些概念局限，我们提的建议同时适用于这两种情况，区别只是预算和后勤的不同而已。例如，大型公司习惯于制订正式的培训计划，而小型公司可能需要临时行动。小型公司可能没有太多钱用于培训，虽然我们认为，这是能影响净利润的为数不多的培训之一。

小公司的工具和方法

接下来介绍的工具和方法，并非一整套详尽的清单，却是任何经理人或公司所有者都很容易主动实施的。

反复培训

首先，连续安排三次非正式的短期培训课程。我们并不想搞什么花哨的东西，即便只是一份带有讲义的 PPT，也会相当奏效。（但我们要提醒你，PPT 对持续学习并不总是有用！）每次课的时长都要在 30～60 分钟。每次课专门讲一个财务概念。例如，乔在定点公司讲的三次课程，每次一小时，分别介绍了利润表、现金流量和项目财务、资产负债表。根据你自身的情况，你可以考虑这些课程：毛利润、销售费用占收比，甚至存货周转率。课程介绍的概念应该和你团队的工作相关，你应该向团队介绍他们的工作怎样影响了这些指标。

要定期推出这些课程，可以每月一次。如果人们愿意参加的话，让他们参加两到三次——人们往往要花这么多时间才能学会。鼓励你的直接下属全员、全程参加。制造氛围，并且告诉参与者，你认为他们是公司成功的重要推动者，你想要他们参与。最后，你可以请其他人来讲课——对员工而言这是按教材学习的好方法，而其他人的教学风格可能和你截然不同，这样一来，他们就能影响到你无法影响的人。

每周举行"数字会议"

有没有两三个指标，每周每月都在衡量你团队的业绩？有没有两三个指标你很关心，因为它们能衡量你这位经理人工作的好坏？出货量？

销售额？收费时长？预算进度？可能的情况是，你关注的关键数字，以某种方式和公司的财报相关联，因此最终是会影响财报业绩的。因此，请开始在每周会议上向你的团队分享这些数字，向他们解释这些数字从何而来、为什么如此重要，以及团队成员怎么影响这些数字，并跟踪分析这些数字的发展趋势。

你知道会发生什么吗？很快，人们就开始自发讨论这些数字。他们会找到办法，向正确的方向加速前进。一旦出现这种好苗头，你就试着启动下一阶段：预测下个月、下个季度这些数字会变成什么样子。你可能会惊讶地看到，当他们拿预测数据打赌时，他们对掌控这些数字有多么自信。（我们甚至看到过这样的公司，员工为预测一个指标的月末或季末数字是多少，设立了专门的投注彩池！）

强化：记分牌和其他视觉教具

如今有一种时尚做法，就是公司高管们在电脑上设置一块"数字显示牌"，显示企业在任何时点的业绩指标。我们一直不明白的是，为什么小型公司和业务单元不能公开这么设置以便让所有员工都看见。所以，我们不仅建议在会议上讨论关键数字，还建议把数字贴在告示牌上，把过去、现在、未来的业绩进行对比。这些数字一旦放在每个人都能看到的地方，就很难被人们忘记或者忽视了。不过要记住，小型图表可能容易被忽视——如果可能被忽视，那就肯定被忽视。对于你自己的"数字显示牌"，要确保其清晰、直观，容易被所有人看见。

我们也喜欢用视觉教具，向人们演示公司是如何赚钱的，这就引导人们天天关注关键数字。我们公司开发了"赚钱地图"，来展示"利润来自哪里"等主题。图32-1这张"赚钱地图"描绘了一家虚构公司的整个

第32章 财务知识战略 247

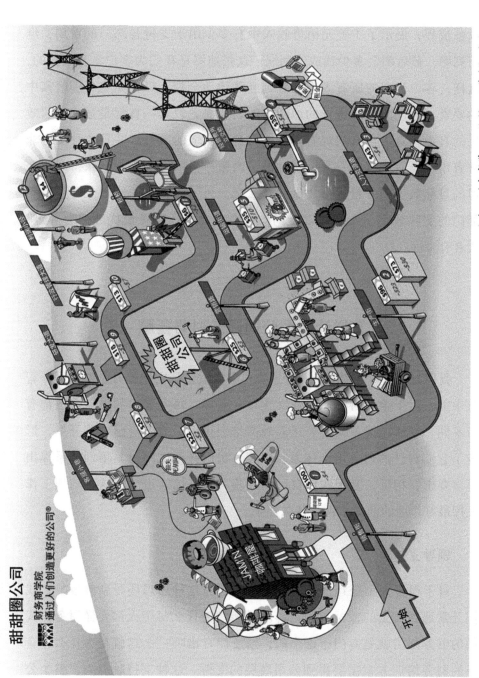

图 32-1 赚钱地图

业务流程,展示了 1 美元销售收入中有多少用于支付各部门的费用,继而列明,最后剩余多少钱成为利润。这张地图是我们为客户量身定做的,这样,客户公司的所有人都能看到经营活动全貌。只要你充分理解其中的要素,你也能画出这样的地图或图表。视觉教具一直都是强化学习效果的有力工具,当人们观看时,能有身处其境的效果。并且这种图也非常有用。我们认识的一家公司,贴了两张一样的图。其中一张,列明公司的目标数字——最优部门做得什么样。另一张图上,经理人写上自己部门的实际数字。人们可以看到,每个关键指标距离最优部门有多近,或者有多远。

怎样让大型公司具备财务智慧

我们与几十家《财富》500 强公司合作过,帮它们提升企业的财务智慧水平。由于企业目标和企业文化存在差异,每家客户的做事方法都有所不同。当然,很多大型公司靠外部培训机构,或者自己内部开发,形成了它们自己的财务培训体系。因此,我们并不试图对其培训体系提出过多要求,相反,基于我们自己的经验,我们描绘出能让这种培训工作发挥最好作用的前提条件是什么样子。

领导支持

对于很多大型公司而言,提升财务智慧这种思想还是新鲜事物,我们经常遇到大量的怀疑者甚至诽谤者。("为什么每个人都要懂财务,我们的财务部门就是专门干这个的,这还能有错吗?")这就是为什么一套新的财务培训方案需要得到公司高层的支持。这种支持越有力,整个公司的人就越可能接受这种思想。通常，财务智慧培训对其影响最大的公司，就是那些高管认为该培训必不可少的公司。那些公司年复一年对员工进行培训，有些人每年都参加培训课，把这当作复习。有些公司甚至增加了新的课程，以提升其领导和经理们的知识。公司高层的支持，还能鼓励其他人为培训方案做出贡献。例如，当我们为一家客户服务时，我们用客户的关键概念、指标、财务业绩为客户量身定制课程内容。为开设这种课程，需要不同部门的人帮助我们，但最需要的是财务部门的帮助。财务部门的人，如果知道培训方案得到了高层的全力支持，通常就会更加乐于合作。

假设及后续促进

有效培训的一大障碍是（通常在许多大型公司都是如此），假设身居要职的人都是懂财务的。这种假设的常见说法就是"查理当销售副总裁已经这么长时间了，他当然知道怎么看我们的财报"。根据我们的经验，这个假设极少正确。许多高管和经理人把他们的工作干得很好，但是，由于他们并不真懂财务指标，也不真懂他们的工作怎样影响财务指标，因此他们的工作成绩远远低于他们潜力可达的最优水平。回想一下我们对大量美国经理人做的"21道财务题"测试。正如我们在第3章曾提到的，测试表明，美国经理人的财务智慧水平非常低。因此，不要假设所有人都懂财务，首先要做个评估。

让人们承认他们不懂财务，也很困难。没人愿意在他们的同事、老板、直接下属面前显得很笨。所以，在一节课上，要求人们举手做志愿者根本没用。相反，我们几乎在每次培训课上都囊括所有的财务基本元素——注意我们将其称为"基本元素"而不是"初级元素"，并且我们的主持人会评估小组需求，以确定从何处开始着手。有些公司要求全员参加。(所以,"是否全员都有必要参加"这个问题从来不成为问题。)另一些公司举办对同级别员工的培训,是基于这种假设:没有老板和直接下属在场,参训者发言提问会更加放松自如。

培训方案的另一障碍是缺乏后续行动。大多数大型公司经常推出新项目。大多数公司还会让经理们在不同的职位上轮岗。所以,财务智慧培训有不被关注的风险。在大型公司,保持财务智慧继续存在的最好方法是,确保进行持续的交流。高管可以在会议上谈论数字。如果公司是上市公司,还可以要求员工去听每季度的财报电话会议,并在会后来一个问答环节。领导者需要利用所有机会,让每个人知道财务知识的重要性。

实用性

当客户要培训方案时,我们自然会问公司想达到什么目的,培训的受众可能有什么需求。然后我们集中讨论三个实际问题:

- 你希望哪些人参加?
- 我们应该教什么内容?
- 我们应该怎样推进培训?

这些讨论,为方案的成功规划和实施打下了基础。

有时,哪些人参加是事先确定了的。例如,有些客户将财务智慧培训方案整合进他们的领导能力或管理能力发展培训方案之中。但是很多客户都是从培训一个小组开始,看看效果如何,然后再决定是否推广到其他人。有些公司先对最高层领导进行培训,然后培训中层经理人,然后培训其他所有员工。这里的逻辑是,高层领导可以帮助中层经理,中层经理可以帮助公司的其他员工。另一些公司是让级别不同的人混合参加同一课程。这有助于进行良好的讨论,并创造一种同舟共济的团队感;

缺点是，当一线员工和老板在一起时，发言提问可能不自在。还有一些公司是按部门的职能推进培训——先培训人力部，再培训 IT 部，等等，以此类推。更有一些公司采用最简单的方法，就是让员工自由报名参加。

教什么内容，显然是很关键的问题，而答案总是取决于公司自己的需求。以下是一些关键注意事项：

- 不要设想可以跳过基础内容，对任何受众甚至领导，都是如此。我们一直都教基础要素，不同的只是教高端还是低端的。罕有领导者或经理人明确告诉你，他们需要对基础要素做一下回顾。关于基础要素，我们指的是如何阅读利润表和资产负债表，什么是收入确认，以及资本性支出和费用性支出有何区别。
- 整合你的关键指标和概念。对于受众来说这是一个机会，他们可以借此了解 CEO 和 CFO 都在谈什么，是自由现金流、EBITDA，或者在本行业和本公司都很重要的其他指标？如果是这些指标，那么就教这些指标。要回顾定义、要素、公式，以及公司自己的计算结果。
- 确定受众的需求。如果你培训的是销售人员，你可能需要教他们如何检查客户的财务状况。这会帮助他们从财务角度评估客户的需求。如果你培训的是人力资源部门员工，你要教他们人力资源怎样影响财务状况（特别是由于很多人力资源部门员工认为他们对财务状况不会有什么影响）。

在所有这些方法中，你必须记住的是，与成人学习有关的几条关键规律。当导师把概念的学习和真实数据的计算相结合，解释计算结果，并引导他们讨论计算结果的时候，成人的学习效果是最好的。我们保证你将听到一些惊人的事情，比如减少停机时间或增加现金流的新想法。当人们掌握了业务全局，并搞清了他们所学与其工作有何联系，以及他们对公司业绩的影响时，他们更会特别认真听讲。紧抓教学重点，保持趣味性，同时请切记，不要试图把任何人教成会计！

最后：信息分享问题

很多人对分享财务信息感到紧张，并且理由充足。上市公司不能分享非公开财务数据，否则会有违背内幕交易相关法律的风险。私企老板可能认为，除了税务机关，任何人都没权利看见财务数据，就像任何人都没权利查看他们的私人银行账户一样。根据我们与大量客户的合作经验，关于这个问题的一些解决思路如下。

上市公司的年报和季报中，披露了丰富的信息。在我们的课程中，使用的数据大多数都取自10-K表中的年度财务数据。但是我们通常会要求客户给我们分享更多信息，这样参训者就能知道他们需要做什么——例如，没有对外披露的衡量指标，以有用的方式分解列示数据的损益表，或只在内部讨论没有对外披露过的关键概念。我们对这些材料保密，并和参训者讨论保密的重要性。有时，公司高管担心竞争对手会得到这些信息，但是，财务培训课很少能有给竞争对手带来好处的信息。竞争对手怎么可能因为看见一家公司使用的总资本回报率公式就从中获益呢？

在私营企业中，分享什么、怎样分享，这些问题实际上更为棘手。当然，也有一些公司没有任何问题。对于确有顾虑的公司，我们经常建议分享信息，但分享之后收回讲义，这样数据泄露的可能性就很小了。偶尔，客户决定以这种方式替换数据：不透露真实数字，但是准确反映趋势和比率。在这种情况下，重要的是，让学员知道数据是假的。最糟糕的事情就是，你编造了信息，然后假装是真信息——这就破坏了信任。

无论你采用什么方法，不要害怕尝试。提升你公司的财务智慧水平，好处是很多的。

Financial Intelligence | 第 33 章

我们的最终目标：财务透明

对于参训者，对于举办者，财务培训都是有价值的。但是如今，现有财务培训已经远远不够了。

原因是什么呢？近年来，人们可能没学到很多财务知识，但他们的确学到的是：他们不能认为雇主公司的财务稳如磐石。那么多大型公司倒闭了，或者被并购方低价买走（通常伴随着大量裁员）。太多公司被发现做了假账，这通常给员工带来灾难性后果。全美国人民都吸取了教训：出于非常务实的原因，他们应该了解任职公司的某些财务情况。像投资者一样，他们需要知道公司经营现状如何。

所以，设想一下，真正具有财务透明度和财务智慧的企业文化，会带来什么。在这种企业文化里，各处的人都能真实看到并学会如何理解财务报表。不，我们并不期望每个人都成为华尔街分析师，或者会计。

我们只是认为，如果财报是公开的，并且关键概念被反复解释，那么所有员工都会对公司更加信任、更加忠诚，而公司会因此变得更加强大。

当然，除了已经公告的季报，上市公司不能向员工展示别的合并报表，但是肯定可以在财报披露时对其做重点解释。同时，公司还可以确保员工看到所在部门或单位的经营数据。

你可以看到，我们由衷地相信知识的力量，而在商业领域，我们最相信的是必要的财务知识和财务智慧所产生的力量。财务信息是所有企业的神经系统，它的数据显示了企业的发展状况——优势在哪儿，弱点在哪儿，机遇在哪儿，威胁在哪儿，等等。长期以来，每个公司只有相对少数的人懂得财务数据的意义，我们认为应该有更多人懂——从经理人开始，最终要扩展到整个员工队伍。懂财务的人会过上更好的日子，公司也是如此。

工具箱

理解《萨班斯－奥克斯利法案》

如果你和财务部门有接触，你可能听到过《萨班斯－奥克斯利法案》，也叫《沙宾法案》。《萨班斯－奥克斯利法案》是2002年7月美国国会针对不断曝光的财务诈骗而颁布的。这可能是20世纪30年代《美国证券法》颁布以来，对公司治理、财务披露和会计师行业影响最大的法律。这一法案的设计目的，是通过加强对财报披露的监管、加强对违规的处罚，提高公众对金融市场的信心。

《萨班斯－奥克斯利法案》几乎影响了所有财务相关人士（以及大多数经营人员）。该法案设立了上市公司会计监督委员会，禁止会计师事务所向客户同时提供审计业务和非审计服务，要求公司董事会至少包括一名财务专家，要求审计委员会建立一套流程确保员工可以直接秘密地向董事会举报会计造假。《萨班斯－奥克斯利法案》规定，对于试图举报疑似财务造假的员工，公司不能解雇、降职、攻击。

CEO和CFO受该法案影响最大。这些管理者必须为公司的季度和年度财务报表作证，证明他们对财报的披露和控制程序负责，并保证财报没有虚假陈述。我们合作过的大多数公司，现在每个季度都有大量的审批签字程序。由于CEO和CFO对财务负责，所以他们要求每个部门的负责人都为其部门签字。实际上，签字手续可能会向下延伸几个层级。根据法案，如果故意歪曲财报，会导致罚款和坐牢。此外，法案还禁止公司为高管或董事个人提供贷款或贷款担保。（非营利机构企业信息研究所的一项研究发现，法案颁布之前，在2001年，企业给高管的贷款超过45亿美元，经常是无息或者低息贷款。）法案还要求，如果由于高管失职而导致公司重述财报，CEO或者CFO必须返还奖金和股票期权收益。

《萨班斯-奥克斯利法案》要求企业加强内部控制。公司向股东提供的年报中，必须包括"内部控制报告"，说明管理层有责任充分控制财报，并陈述这种控制的有效性。此外，管理层必须快速披露当前公司经营和财务状况发生的重大变化。

《萨班斯-奥克斯利法案》强制上市公司对财报承担更多责任，并减少可能存在的潜在欺诈。然而，其实施成本极其高昂。平均每家公司的成本是 500 万美元，而对于通用电气这样的大公司，可能高达 3000 万美元。

Financial Intelligence | 附录

财务报表样表

下面（见表 A-1～表 A-3）是一家虚构公司的财务报表整套样表。

表 A-1　利润表样表　　　　　　（单位：百万美元）

	财务年度截止日：2012 年 12 月 31 日
销售收入	8 689
产品销售成本	6 756
毛利润	**1 933**
销售费用、日常费用和管理费用	1 061
折旧	239
其他收益	19
息税前利润	**652**
利息费用	191
税金	213
净利润	**248**

表 A-2　资产负债表样表　　（单位：百万美元）

	2012.12.31	2011.12.31
资产		
现金和现金等价物	83	72
应收账款	1 312	1 204
存货	1 270	1 514
其他流动资产和应计费用	85	67
流动资产合计	2 750	2 857
土地、厂房和设备	2 230	2 264
其他长期资产	213	233
资产总计	**5 193**	**5 354**
负债		
应付账款	1 022	1 129
信用借款	100	150
一年内到期的长期负债	52	51
流动负债合计	1 174	1 330
长期负债	1 037	1 158
其他长期负债	525	491
负债总计	**2 736**	**2 979**
所有者权益		
普通股，每股面值 1 美元（批准发行 1 亿股，2011 年和 2012 年实际发行 7 400 万股）	74	74
资本公积	1 110	1 110
留存收益	1 273	1 191
所有者权益合计	**2 457**	**2 375**
负债和所有者权益合计	**5 193**	**5 354**
2012 年附注：		
折旧	239	
普通股数（单位：百万股）	74	
每股收益（单位：美元）	3.35	
每股股利（单位：美元）	2.24	

表 A-3　现金流量表样表　　（单位：百万美元）

财务年度截止日：2012 年 12 月 31 日

经营活动产生的现金流量	
净利润	248
折旧	239
应收账款	−108
存货	244
其他流动资产	−18
应付账款	−107
经营活动产生的现金流量净额	**498**
投资活动产生的现金流量	
土地、厂房和设备	−205
其他长期资产	20
投资活动产生的现金流量净额	**−185**
融资活动产生的现金流量	
信用借款	−50
一年内到期的长期负债	1
长期负债	−121
其他长期债务	34
应付普通股利	−166
融资活动产生的现金流量净额	**−302**
现金的变动额	11
期初现金	72
期末现金	**83**

注　释

第 1 章

1. Deloitte Forensic Center, *Ten Things About Financial Statement Fraud: A Review of SEC Enforcement Releases, 2000–2006* (June 2007), http://www.deloitte.com/view/en_US/us/Services/Financial-Advisory-Services/Forensic-Center/5ac81266d7115210VgnVCM100000ba42f00aRCRD.htm.

第 3 章

1. 更多内容见我们的文章: "Are Your People Financially Literate?" *Harvard Business Review*, October 2009, 28.

2. Mike France, "Why Bernie Before Kenny-Boy?" *BusinessWeek*, March 15, 2004, 37.

第 4 章

1. Michael Rapoport, "U.S. Firms Clash Over Accounting Rules," *Wall Street Journal*, July 6, 2011.

第 6 章

1. H. Thomas Johnson and Robert S. Kaplan, *Relevance Lost: The Rise and Fall of Management Accounting* (Boston: Harvard Business School Press, 1991).

第 7 章

1. 参见: "Vitesse Semiconductor Announces Results of the Review by the Special Committee of the Board," *Business Wire*, December 19, 2006; U.S. Securities and Exchange Commission, Litigation Release No. 21769, December 10, 2010; and Accounting and Auditing Enforcement Release No. 3217, December 10, 2010, "SEC Charges Vitesse Semiconductor Corporation and Four Former Vitesse Executives in Revenue Recognition and Options Backdating Schemes."

第 8 章

1. Randall Smith and Steven Lipin, "Odd Numbers: Are Companies Using Restructuring Costs to Fudge the Figures?" *Wall Street Journal*, January 30, 1996.

第 9 章

1. 简短总结见 Kathleen Day, "Study Finds 'Extensive' Fraud at Fannie Mae," *Washington Post*, May 24, 2006.

第 11 章

1. Manjeet Kripalani, "India's Madoff? Satyam Scandal Rocks Outsourcing Industry," *Bloomberg Business Week*, January 7, 2009.

第 25 章

1. Bo Burlingham, *Small Giants: Companies That Choose to Be Great Instead of Big* (New York: Portfolio, 2007).

2. 见 Chris Zook and James Allen, *Repeatability: Build Enduring Businesses for a World of Constant Change* (Boston: Harvard Business Review Press, 2012).

第 31 章

1. U.S. Marine Corps Staff, *Warfighting* (New York: Crown Business, 1995).

2. Edward E. Lawler, Susan A. Mohrman, and Gerald E. Ledford, "Creating High Performance Organizations" (Los Angeles: Center for Effective Organizations, Marshall School of Business, University of Southern California, 1995).

致　　谢

我们（卡伦和乔）一起工作已经超过12年了。我们的合作关系始于一次会议上的偶然相识，历经一段时间之后，发展为共有一家公司——财务商学院，现在我们又成为本书的共同作者。多年来，我们相识、共事，与很多影响我们思想和工作的人分享经验。这本书是我们的巅峰之作，它来自我们所受的教育、我们的工作和管理经验、我们的研究、我们的合作关系，来自我们从合作过的几千位员工、经理人、领导者那里学到的所有东西。

第一次见到约翰时，卡伦正在为她的学位论文做研究工作。约翰过去是，现在仍然是一位优秀的公开账本管理（open-book management）方面的专家，也是一位高度受人尊重的商业作家。多年来我们一直保持联系，并对彼此的工作很有兴趣。当约翰想要加入这个项目的时候，卡伦非常高兴。他已经成为这个团队不可缺少的一员。

还有许多人为完成这本书提供了帮助，包括：

- 本书英文版第1版的读者。我们在写这本书（本书第1版）的时候就知道，需要有这样一本务实的、真实的财务方面的图书。但是，我们不知道我们写的是一本畅销书！之所以有现在的第2版，是因为许多读者推荐、分享了本书（第1版），并将其买赠给他们认为会从中受益的人。

- 保·伯林翰，*Inc.* 杂志的自由撰稿人，精彩的《小巨人》一书的作者，《伟大的商业游戏》和《结果的利害关系》的合著者（与杰克·斯塔克合著）。保向我们慷慨分享了他和乔合作的另一个项目所收集的财务欺诈的研究及文字成果。

- 乔·康威尔和乔·范登伯格——定点公司的创始人（在定点公司，他们被称为"乔们"）。我们感激他们向每个人传授财务知识的信念，感激他们的不懈努力，他们鼓励定点公司的所有人积极参与、推动公司成功。我们还要感谢定点公司的现任 CEO 布拉德·安格斯，作为本书第 2 版的顾问，他提供了极其有用的帮助。感谢他们允许我们讲一些定点公司的故事。我们还要感谢里德·利兰（莱恩沃克斯公司的所有者）、马克·科伊、马谢尔·杰克逊、杰森·芒斯、史蒂夫·纽兹曼、卡拉·史密斯、罗杰·托马斯和所有定点公司的员工，感谢他们帮我们改善了财务智慧的方法。如果你在犹他州，你应该访问定点公司，看看公司体系如何运作，你会看到财务智慧和心理所有权都在发挥作用。我们猜，你会惊讶于员工对业务的理解深度和对公司成就的认可度。

- 财务商学院的客户。由于他们对普及财务知识的认可，我们能够通过很多组织广泛传播财务智慧。逐一感谢所有人是不可能的，但是必须提及，在第 2 版写作中鼓励我们的是亚帝文软件公司的海蒂·弗莱厄蒂团队，总承包商协会，CVS 连锁药店的谢丽尔·麦基，美国艺电公司的安迪·比林斯，杰夫·德特里克、迈克尔·瓜尼里、埃莉·墨菲以及通用电气公司的整个团队，富好公司的瓦洛里·麦克利兰和金妮·霍夫曼，吉姆·罗伯茨、汤姆·凯斯、罗恩·加托、凯瑟琳·汉布莱和花岗岩建筑公司的团队，湾流宇航公司的蒂芙妮·凯勒，哈佛先锋集团公司的坦尼娅·切马克，独立学院书店协会，供应管理学院的贝基·纳沃罗基，科腾制药公司的盖尔·汤姆林森，麦德美公司的迈克尔·西格蒙德，全国广播员协会的米歇尔·杜克和安妮·弗雷内特，史蒂夫·卡帕斯、大卫·皮耶查、克里斯蒂·希巴塔、玛丽·冯·赫尔曼及其在美国全国广播公司和美国国家广播环球集团的团队，司亚乐无线通信公司的马努·瓦尔马，人力资源管理协会，硅谷银行的梅根·奥利里和斯泰西·佩尔，微笑品牌的贝丝·戈尔茨坦，美国卫讯公司的梅琳达·德尔·托罗和罗恩·旺格林，维萨信用卡公司的玛丽拉·萨拉维亚。

- 财务商学院的同事。我们的辅导团队——吉姆·巴多、凯茜·伊万西奇、霍维格·查利安以及埃德·韦斯特菲尔德，他们都是一流的培训师，有自己独特的风格，因此上他们的课是一种丰富的体验。斯蒂芬妮·韦克斯勒是客户服务经理，她的专业精神使我们的项目能够顺利进行。朱迪·戈洛夫，培训开发经理，确保我们所有的项目质量都是最高的。卡拉·史密斯也在培训开发部，和朱迪一起保证我们的项目是卓越的。莎伦·马斯在商业文化方面拥有的丰富知识反映在我们为客户定制的培训内容之中。布拉德·安格斯，我们的业务发展经理，不懈努力以确保客户的需求得到满足。凯西·霍耶是团队的行政助理，她让一切都顺利进行。
- 戴夫·梅里尔，一位富有创造力的艺术家，他为我们绘制了赚钱地图。他把我们最初的粗略想法画得活灵活现，这真是一种天赋。
- 乔纳森·特鲁珀及其在阿兰特国际大学的马歇尔·戈德史密斯管理学院的团队，他们和我们合作进行了一项研究，评估了美国经理人和领导者的财务智慧。我们依赖他们的专业知识来确保财务智慧测试及其方法在统计上是有效和可靠的，从而获得了美国经理人和领导者在财务智慧方面的准确数据。
- 我们的代理人，詹姆斯·莱文。
- 蒂姆·沙利文，我们的编辑，以及哈佛商业评论出版社的其他人，特别感谢朱莉·德沃尔。
- 一路帮助过我们的其他人，包括海伦和吉恩·伯曼、托尼·博南特、凯林·格西克、拉里和杰威尔·奈特、内莉·拉尔、迈克尔·李和主要图形公司的团队、唐·曼金、菲洛梅娜·麦克安德鲁、阿伦·米勒、罗兰·罗伯茨、马林·雪莱、布莱恩·肖尔、罗伯塔·沃尔夫、佩奇·伍德沃德、乔安妮·沃雷尔和布莱恩·赞德。

我们由衷感谢大家。

财务知识轻松学

书号	定价	书名	作者	特点
71576	79	IPO 财务透视：注册制下的方法、重点和案例	叶金福	大华会计师事务所合伙人作品，基于辅导 IPO 公司的实务经验，针对 IPO 中最常问询的财务主题，给出明确可操作的财务解决思路
58925	49	从报表看舞弊：财务报表分析与风险识别	叶金福	从财务舞弊和盈余管理的角度，融合工作实务中的体会、总结和思考，提供全新的报表分析思维和方法，黄世忠、夏草、梁春、苗润生、徐珊推荐阅读
62368	79	一本书看透股权架构	李利威	126张股权结构图，9种可套用架构模型；挖出38个节税的点，避开95个法律的坑；蚂蚁金服、小米、华谊兄弟等30个真实案例
70557	89	一本书看透股权节税	李利威	零基础50个案例搞定股权税收
62606	79	财务诡计（原书第4版）	（美）施利特 等	畅销25年，告诉你如何通过财务报告发现会计造假和欺诈
70738	79	财务智慧：如何理解数字的真正含义（原书第2版）	（美）伯曼 等	畅销15年，经典名著；4个维度，带你学会用财务术语交流，对财务数据提问，将财务信息用于工作
67215	89	财务报表分析与股票估值（第2版）	郭永清	源自上海国家会计学院内部讲义，估值方法经过资本市场验证
73993	79	从现金看财报	郭永清	源自上海国家会计学院内部讲义，带你以现金的视角，重新看财务报告
67559	79	500强企业财务分析实务（第2版）	李燕翔	作者将其在外企工作期间积攒下的财务分析方法倾囊而授，被业界称为最实用的管理会计书
67063	89	财务报表阅读与信贷分析实务（第2版）	崔宏	重点介绍商业银行授信风险管理工作中如何使用和分析财务信息
58308	69	一本书看透信贷：信贷业务全流程深度剖析	何华平	作者长期从事信贷管理与风险模型开发，大量一手从业经验，结合法规、理论和实操融会贯通讲解
75289	89	信贷业务全流程实战：报表分析、风险评估与模型搭建	周艺博	融合了多家国际银行的信贷经验；完整、系统地介绍公司信贷思维框架和方法
75670	89	金融操作风险管理真经：来自全球知名银行的实践经验	（英）埃琳娜·皮科娃	花旗等顶尖银行操作风险实践经验
60011	99	一本书看透 IPO：注册制 IPO 全流程深度剖析	沈春晖	资深投资银行家沈春晖作品；全景式介绍注册制 IPO 全貌；大量方法、步骤和案例
65858	79	投行十讲	沈春晖	20年的投行老兵，带你透彻了解"投行是什么"和"怎么干投行"；权威讲解注册制、新证券法对投行的影响
73881	89	成功 IPO：全面注册制企业上市实战	屠博	迅速了解注册制 IPO 的全景图，掌握 IPO 推进的过程管理工具和战略模型
77436	89	关键 IPO：成功上市的六大核心事项	张媛媛	来自事务所合伙人的 IPO 经验，六大实战策略，上市全程贴心护航
70094	129	李若山谈独立董事：对外懂事，对内独立	李若山	作者获评2010年度上市公司优秀独立董事；9个案例深度复盘独董工作要领；既有怎样发挥独董价值的系统思考，还有独董如何自我保护的实践经验
74247	79	利润的12个定律（珍藏版）	史永翔	15个行业冠军企业，亲身分享利润创造过程；带你重新理解客户、产品和销售方式
69051	79	华为财经密码	杨爱国 等	揭示华为财经管理的核心思想和商业逻辑
73113	89	估值的逻辑：思考与实战	陈玮	源于3000多篇投资复盘笔记，55个真实案例描述价值判断标准，展示投资机构的估值思维和操作细节
62193	49	财务分析：挖掘数字背后的商业价值	吴坚	著名外企财务总监的工作日志和思考笔记；财务分析视角侧重于为管理决策提供支持；提供财务管理和分析决策工具
74895	79	数字驱动：如何做好财务分析和经营分析	刘冬	带你掌握构建企业财务与经营分析体系的方法
58302	49	财务报表解读：教你快速学会分析一家公司	续芹	26家国内外上市公司财报分析案例，17家相关竞争对手、同行业分析，遍及教育、房地产等20个行业；通俗易懂，有趣实用
77283	89	零基础学财务报表分析	袁敏	源自MBA班课程讲义；从通用目的、投资者、债权人、管理层等不同视角，分析和解读财务报表；内含适用于不同场景的分析工具